420

CORRESPONDANCE DE VOLTAIRE ET DU CARDINAL DE BERNIS.

CORRESPONDANCE DE VOLTAIRE

ET DU

CARDINAL DE BERNIS.

DEPUIS 1761 JUSQU'A 1777.

Publiée d'après leurs Lettres originales, avec quelques Notes :

Par le Citoyen BOURGOING, Membre-Associé de l'Institut National.

A PARIS,

Chez DUPONT, Libraire, rue de la Loi, N°. 1231.
Et L'ÉDITEUR, rue Neuve-des-Mathurins, N°. 731.

AN VII DE LA RÉPUBLIQUE.

AVANT-PROPOS
DE L'ÉDITEUR.

Le Recueil de Lettres que nous donnons au public excitera sans doute son intérêt, comme il a des droits à sa confiance. Quel est l'imposteur qui aurait ôsé contrefaire le style de deux écrivains comme Voltaire et Bernis, et qui sur-tout aurait pu se flatter qu'on s'y méprît? D'ailleurs, les lettres manuscrites que nous livrons à l'impression nous ont été remises par une personne qu'il suffit de nommer pour prévenir tous les doutes ; c'est M. le chevalier Azara, actuellement Ambassadeur d'Espagne auprès de la République française. C'est le digne ami du feu cardinal de Bernis, le confident de tous ses secrets, le dépositaire de ses dernières volontés. Tout concourait à réunir ces deux ministres si justement considérés à Rome: l'identité des intérêts politiques qui étaient confiés à leur sagesse, la conformité de leurs principes et de leurs goûts pour les Lettres et pour les arts, les rapports que la nature avait établis entre leurs caractères. Ils ont pendant vingt ans, de concert et sans rivalité, gouverné le Saint-Siège. Ils ont épargné bien des fautes au Pontife de Rome, et leurs conseils, mieux suivis, auraient pu lui épargner ses derniers revers. Il régnait entr'eux une intimité assez semblable à celle qu'on se plaît à trouver entre deux époux bien assortis. Le chevalier Azara avait apporté dans cette union l'énergie, la raison calme, la sagesse inaltérable, la fermeté, qui appartiennent plus particulièrement au sexe fort; Bernis, les grâces, la douceur, la facilité de caractère, toutes les qualités, et même quelques-uns des défauts qu'on se plaît à trouver dans le sexe aimable. Également dignes l'un et l'autre de l'estime et de l'amitié de tous ceux qui les connaissaient, l'un eût arraché le premier de ces sentimens même à ceux qui lui auraient refusé le second; auprès de l'autre, doué des formes les plus prévenantes, les dispositions affectueuses devançaient l'estime, mais en étaient bientôt suivies. L'un paraissait plus fait pour convaincre ; l'autre pour persuader. Il n'eût rien manqué au gouvernement d'un État, dans lequel l'un eût été chargé de l'administration de la justice et l'autre de la distribution des grâces. Ayant à choisir entre les deux, on eût peut-être préféré l'un pour son arbitre, l'autre pour son ami.

Tels ont été les deux hommes recommandables dont la liaison intime a duré jusqu'à la mort de l'un des deux. Dans ces derniers momens où tout nous abandonne, où les hommes les plus dignes d'être aimés n'ont guères que quelques pleurs à recueillir, le cardinal de Bernis trouva dans le chevalier Azara des consolations et des conseils. La fin de sa carrière avait été pénible. Après vingt-trois ans passés dans la plus grande aisance, et dans la plus magnifique représentation, il se trouva par les suites de la révolution française, réduit à un dénuement presqu'absolu. Ce fut l'amitié du chevalier Azara qui l'en sauva, en obtenant pour le Cardinal une pension de la cour d'Espagne. Bernis n'avait pas besoin de ce bienfait pour chérir le Ministre espagnol. Il était entouré d'une partie de ses proches pour lesquels il avait le plus grand attachement ; mais les affections que le cœur a formées lui-même l'emportent quelquefois sur celles que commandent les liens du sang. Bernis, sentant approcher sa fin, déposa dans le sein de son ami ses dernières intentions. Il l'institua son exécuteur testamentaire. Il lui remit ses papiers et ses manuscrits. Tout ce que le chevalier Azara avait reçu du Cardinal mourant a été fidèlement rendu à ses héritiers. Il n'en a gardé, et c'est de leur aveu, que les originaux de la correspondance avec Voltaire. Soyons plu-exacts pour avoir plus de droits à la confiance.

Plusieurs lettres originales de Voltaire, quelques brouillons des réponses de Bernis se trouvent parmi les manuscrits qu'on a bien voulu nous remettre; mais la plus part des unes et des autres avaient été recopiées par les secrétaires du Cardinal ; et c'est en grande partie sur ces copies qu'a été imprimé le Recueil que nous publions. Le témoignage du chevalier Azara suffit pour garantir leur authenticité. D'ailleurs, nous le répétons, le style de Voltaire s'imite aussi peu que celui de Bernis ; l'un est connu de toute l'Europe ; l'autre ne l'est guères que par quelques productions légères, tant en vers qu'en prose, dont le goût et la grâce sont le principal mérite. Bernis, par les Lettres que nous imprimons, obtiendra à d'autres titres une place distinguée parmi les Littérateurs. La raison toujours lumineuse, toujours aimable, s'y joint à une rare sagacité, à une critique aussi fine que judicieuse. On regrettera que ce double talent ne se soit pas exercé sur un plus grand nombre d'objets. On regrettera que Voltaire n'ait consulté le cardinal de Bernis que vers la fin de sa longue carrière. S'il eût pris ce parti beaucoup plutôt, la réputation littéraire de l'un n'y aurait rien perdu, et celle de l'autre y aurait beaucoup gagné.

On avait remarqué que Voltaire qui a parlé de presque tous les littérateurs de son tems, s'était rarement et même un peu légèrement expliqué sur le compte du cardinal de Bernis. On aurait pu en conclure qu'il faisait peu de cas de son personnel et de ses talens. La lecture de ces lettres fournira la preuve du contraire. On y voit Voltaire pendant seize ans de correspondance, donnant au Cardinal des preuves répétées de respect pour ses vertus, d'estime pour ses talens, et même de déférence pour ses avis.

LETTRES DE VOLTAIRE
ET
DU CARDINAL DE BERNIS.

LETTRE PREMIÈRE.
DE VOLTAIRE.

A Ferney, le 7 octobre.

MONSEIGNEUR,

BÉNI soit Dieu de ce qu'il vous fait aimer toujours les Lettres ! avec ce goût-là, un estomach qui digère, deux cents mille livres de rente et un chapeau rouge, on est au-dessus de tous les Souverains. Mettez la main sur la conscience ; quoique vous por-

1761.

tiez un beau nom, et que vous soyez né avec une élévation d'esprit digne de votre naissance, c'est aux Lettres que vous devez votre fortune ; ce sont elles qui ont fait connaître votre mérite (*) ; elles feront toujours la dou-

(*) Ce ne fut pas lui qui donna la première édition des Poësies de sa jeunesse. Pendant qu'il était ambassadeur à Venise, ses ennemis les firent imprimer à son insçu pour lui donner un tort, ou, ce qui était pis encore, un ridicule. Ils firent plus ; pendant son ministère, le caractère conciliant qu'il avait reçu de la nature, et qu'il conserva dans toutes les positions, lui avait servi à rapprocher le Saint Siège de la République de Venise, avec laquelle il était en querelle ouverte ; Benoît XIV, par reconnaissance, conçut l'idée de le décorer de la pourpre romaine, et la fit proposer à Louis XV. C'est alors que l'envie devint plus active que jamais ; et l'un des moyens qu'elle employa pour lui nuire, fut de faire parvenir au Pape des vers scandaleux, en les attribuant à l'abbé de Bernis. Mais l'excès de la calomnie, dit Duclos, en empêcha l'effet. Benoît XIV venait de mourir. Son successeur, Clément XIII, tout fanatique qu'il était, oublia cette inculpation pour se souvenir seulement qu'il devait en grande partie la thiare au crédit de l'abbé de Bernis, et le nomma cardinal.

ceur de votre vie. Je m'imagine quelquefois dans mes rêves que vous pourriez avoir des indigestions, que vous pourriez faire comme M. le duc de Villars, madame la comtesse d'Harcourt, madame la marquise de Muy, etc., etc., etc., qui sont venus voir Tronchin, comme on allait autrefois à Épidaure. J'ai aux portes de Genève un hermitage intitulé *les Délices*. M. le duc de Villars a trouvé le secret d'y être logé *in fiochi*. Enfin, toute mon ambition est que Votre Éminence ait des indigestions ; cela serait plaisant ; pourquoi non ? permettez-moi de rêver.

Votre réflexion, Mgr, sur la dédicace de l'Académie, est très juste ; mais figurez-vous que l'Académie, loin de vouloir que j'adoucisse le tableau des injustices qu'essuya Pierre (*),

―――――
(*) C'était ainsi qu'il appelait Pierre Corneille, aux Commentaires duquel il travaillait alors. Il atta-

veut que je le charge, et cette injonction est en marge du manuscrit; on est indigné d'une certaine protection qu'on a donné à certaines injures, etc.

Permettez-vous que j'aie l'honneur de vous envoyer les Commentaires sur les Pièces principales. Vous avez sans doute votre breviaire de Saint-Pierre Corneille; vous me jugeriez, et cela vous amuserait; mais comment me renverriez-vous mon paquet? Vous pourriez ordonner qu'on le re-

---

chait beaucoup d'importance à placer des noms illustres sur la liste de ses souscripteurs. Il s'applaudissait de voir trois de ses confrères titrés, le duc de Nivernois, le duc de Richelieu, et le *cardinal de Bernis*, souscrire chacun pour six exemplaires. On voit par les autres parties de sa correspondance, qu'il envoyait successivement son travail à l'Académie française, mais qu'il n'était pas toujours content des observations qu'elle faisait sur son manuscrit. L'*Académie*, écrivait-il à M. d'Argental, à peu-près à la même époque, *ne veut pas paraître philosophe. Quelles pauvres observations que ses observations sur mes remarques concernant Polyeucte!*

vêtit d'une toile cirée, et il pourrait être remis en ballot à Tronchin, de Lyon, ci-devant confesseur et banquier de M. le cardinal de Tencin et aujourd'hui le mien. Ce travail est assez considérable, et transcrire est bien long. En attendant, je demande à Votre Éminence la continuation de vos bontés, mais sur-tout la continuation de votre philosophie, qui seule fait le bonheur.

Ne bâtissez-vous point, ne plantez-vous point? Avez-vous une Épître de moi sur l'Agriculture? Bâtissez, Monseigneur, plantez, et vous goûterez les joies du paradis. Mille tendres et profonds respects.

1761.

LETTRE II.

DU CARDINAL DE BERNIS.

A Saint-Marcel, 13 d'octobre.

JE ne suis point ingrat, mon cher Confrère, j'ai toujours senti et avoué que les Lettres m'avaient été plus utiles que les hasards les plus heureux de la vie. Dans ma plus grande jeunesse, elles m'ont ouvert une porte agréable dans le monde; elles m'ont consolé de la longue disgrace du cardinal de Fleuri et de l'inflexible dureté de l'évêque de Mirepoix (*).

(*) L'abbé de Bernis, plein d'esprit et de grâces, avait débuté dans le monde comme un abbé de cour assez peu pénétré de l'esprit de l'état qu'il avait embrassé. Sa vie légère et dissipée n'était pas un titre aux faveurs du tout-puissant cardinal de Fleury, qui affichait une grande simplicité de mœurs et une grande

Quand les circonstances m'ont poussé comme malgré moi sur le grand théâtre, les Lettres ont fait dire à tout

1761.

régularité de conduite. Elle dût prévenir également contre lui l'austère évêque de Mirepoix, qui se trouva ensuite chargé de la feuille des bénéfices. On voit par cette lettre, que le cardinal de Bernis avait conservé un souvenir profond des rigueurs de ces deux prélats, ou si l'on veut, de leurs injustices. Tout le monde connaît l'heureux bon mot qui lui échappa lorsque le distributeur des grâces ecclésiastiques lui disant : *Non, monsieur l'Abbé, vous n'aurez rien tant que je vivrai. — Eh bien, Monseigneur, j'attendrai.* Bien des personnes croient encore que c'est l'évêque de Mirepoix qui reçut cette réponse. Nous savons de très-bonne part que c'est le cardinal de Fleury.

C'est ici le lieu de rapporter une anecdote peu connue, que nous avons puisée à la même source, et qui intéresse les deux interlocuteurs de la correspondance que nous publions.

En 1742, Voltaire, l'abbé de Bernis, Duclos, et quelques autres gens de lettres, étaient réunis dans une de ces aimables orgies où l'esprit aiguisé par la gaîté et le vin, se livre sans contrainte à toutes ses saillies. Tout-à-coup on entre; on leur apprend qu'un ministère qui leur pesait également à tous était terle monde : *au moins celui-là sait lire et écrire.* Je les ai quittées pour les affaires, sans les avoir oubliées, et

miné, que le cardinal de Fleury était mort. La joie des convives ne peut se contenir : elle s'exhale en épigrammes sur le cardinal défunt. On propose de composer son épitaphe séance tenante. Un prix sera adjugé à celui qui fera la meilleure ; et tous de travailler au concours. Chacun des convives lit son impromptu. La malignité applaudit ; mais le prix est encore suspendu. Arrive le tour de l'abbé de Bernis : il lit,

<blockquote>
Ci gît, qui loin du faste et de l'éclat,
Se bornant au pouvoir suprême,
N'ayant vécu que pour lui-même,
Mourut pour le bien de l'etat.
</blockquote>

A l'instant, tous ses rivaux, Voltaire à leur tête, le proclament vainqueur. De longs éclats célèbrent son triomphe. Mais cette gaîté fait bientôt place aux plus mortelles inquiétudes. Un second message arrive. Le cardinal respire encore. Les convives pâlissent. Ils regardent autour d'eux. Ne sont-ils pas entourés de délateurs ! Ne vont-ils pas aller aussitôt expier à la bastille leur joie prématurée ! Après de mûres délibérations, ils convinrent de passer hors de chez eux la nuit suivante. Ils attendirent plus d'un an dans les

je les retrouve avec plaisir. Vous me souhaitez des indigestions ; cela n'est guères possible aujourd'hui ; il y a douze ans que je suis fort sobre ; mais j'ai une humeur goûteuse dans le corps, qui n'est pas encore bien fixée aux extrémités, et qui pourrait bien m'obliger d'aller consulter l'oracle de Genève. Dans cette consultation, il entrerait autant de désir de vous revoir que d'envie de guérir. Envoyez-moi votre Épître sur l'Agriculture. Je ne bâtis point, mais je répare mon vieux château de Vic-sur-Aisne ; je plante mon jardin et les bords de mes prés ; voilà toutes les dépenses que l'état de mes revenus me permet. Au lieu de deux cents mille livres de revenu que vous me donnez, j'en

---

transes cette mort si désirée. Jusques dans les dernières années de sa vie, le cardinal de Bernis se plaisait à raconter cette anecdote, et riait encore de sa frayeur.

ai à peine quatre-vingt mille ; mais les premiers diacres de l'église Romaine n'en avaient pas tant, et je ne suis pas fâché d'être le plus pauvre des cardinaux Français, parce que personne n'ignore qu'il n'a tenu qu'à moi d'être le plus riche. Je suis content, mon cher Confrère, parce que j'ai beaucoup réfléchi et comparé, et que lorsqu'à la première dignité de son état, on joint le nécessaire, une santé passable et une ame douce et courageuse, on n'a plus que des grâces à rendre à la Providence. Je serai à la fin du mois à Montélimart, où je compte passer l'hiver. Votre banquier de Lyon pourrait remettre le paquet au sieur Henry Gonzebas, qui fait mes commissions dans cette ville : c'est un bon Suisse fort exact, qui me ferait tenir cette pacotille ; elle vous reviendrait par la même voie sans aucun inconvénient.

Pierre Corneille et François de Voltaire me suivent dans tous mes voyages. Adressez désormais toutes vos lettres à Montélimart ; elles me font le plus grand plaisir du monde. Je vois que vous êtes gai ; cela prouve que vous êtes sage, que vous voyez et sentez comme il faut voir et sentir les choses de ce pauvre monde. Adieu, mon cher Confrère, je vous suis fidèlement et tendrement attaché.

LETTRE III.

DE VOLTAIRE.

A Ferney, le 26 octobre.

(En envoyant l'Epître sur l'Agriculture.)

Tenez, Monseigneur, lisez et labourez ; mais les cardinaux ne sont pas comme les consuls Romains, ils ne tiennent pas la charrue. Si Votre

Éminence est à Montélimart, vous y verrez M. de Villars, qui n'est pas plus agriculteur que vous. Il n'a pas seulement vu mon semoir; mais en récompense, il a vu une tragédie que j'ai faite en six jours. La rage s'empara de moi un dimanche et ne me quitta que le samedi suivant. J'allai toujours rimant, toujours barbouillant; le sujet me portait à pleines voiles; je volais comme le bateau des deux chevaliers Danois (*) con-

(*) Voltaire fait allusion à cet épisode du quinzième livre de la Jérusalem délivrée, dans lequel le Tasse raconte la course rapide que font les deux chevaliers Danois, Charles et Ubalde, du fond de la Méditerranée aux Iles Fortunées. Leur pilote est une femme, près de laquelle ils sont conduits par un vieux magicien. On ne voit pas pourquoi Voltaire la nomme *vieille*. Il n'avait pas présens ces vers du Tasse qui offrent son portrait ;

> Crinita fronte essa dimostra e ciglia
> Cortesi e favorevole e tranquille,
> E nel sembiante agli angioli somiglia
> Tanta luce ivi par ch'arda e sfavilla.

duits par la vieille. Je sais bien que l'*ouvrage de six jours* trouve des contradicteurs dans ce siècle pervers, et que mon démon trouvera aussi des siffleurs ; mais en vérité, deux cent cinquante mauvais vers par jour, quand on est possédé, est-ce trop ? Cette pièce est toute faite pour vous ; ce n'est pas que vous soyez possédé aussi, car vous ne faites plus de vers ; ce n'est pas non plus de votre goût dont j'entends parler, vous en avez autant que d'esprit et de grâces (*) ; nous

« Ses cheveux descendent sur son front. Ses regards sont doux, tranquilles et gracieux. Sa figure ressemble à celle d'un ange ; tant est resplendissant l'éclat dont elle brille. »

Assurément, ce n'est pas sous de pareils traits que l'on peint une *vieille*.

(*) Ces phrases flatteuses n'étaient pas de ces vains complimens dont Voltaire lui-même était quelquefois prodigue. Tous ceux qui avaient connu l'abbé de Bernis dans sa jeunesse en avaient conservé la même opinion. Voici comment le peint dans ses Méle savons bien. Je veux dire que la pièce est toute faite pour un cardinal. La scène est dans une église, il y a une absolution générale, une confession, une rechûte, une religieuse, un évêque. Vous allez croire que j'ai encore le diable au corps en vous écrivant tout cela ; point du tout, je suis dans mon bon sens. Figurez-vous que ce sont les mystères de la bonne Déesse, la veuve et la fille d'Alexandre retirées dans le temple. Tout ce que l'ancienne religion a de plus auguste, tout ce que les plus grands malheurs ont de touchant, les grands crimes de funeste, les

---

moires, l'austère Duclos, qui avait été en relation intime avec lui avant et pendant sa faveur.

« De la naissance, une figure aimable, une phy-
» sionomie de candeur, beaucoup d'esprit et d'agré-
» ment ; un jugement sain et un caractère sûr le
» firent rechercher par toutes les sociétés. Il y vivait
» agréablement : mais cet air de dissipation déplut au
» cardinal de Fleury, etc. ».

passions de déchirant et la peinture de la vie humaine de plus vrai. Demandez plutôt à votre confrère le duc de Villars. Je prendrai donc la liberté de vous envoyer ma petite drôlerie, quand je l'aurai fait copier, vous êtes honnête homme et vous n'en prendrez point de copie, vous me la renverrez fidèlement. Mais ce n'est pas assez d'être honnête homme. C'est à vos lumières, à vos bontés, à vos critiques, que j'ai recours. Que le Cardinal me bénisse et que l'Académicien m'éclaire; je vous en conjure.

Permettez-moi de vous parler de vous, qui valez mieux que ma pièce. Pourquoi rapetasser ce Vic? Ce Vic est-il un si beau lieu? Ce qui me désespère, c'est qu'il est trop éloigné de mes déserts charmans. Soyez malade, je vous en prie; faites comme M. le duc de Villars, vous n'en serez

1761.

pas mécontent. Le chemin est frayé, Ducs, Princes, Prêtres, femmes dévotes, tout vient au temple d'Épidaure; venez-y, je mourrai de joie. Les délices sont à la portée du Docteur, elles sont à vous et mériteront leur nom. Quatrevingt mille livres de rente étaient assez pour St. Lin (*), mais ce n'est pas assez en 1761 ; sans doute que vous êtes réduit à cette portion congrue de Cardinal par des arrangemens passagers. Pardon, mais j'aime passionnément à oser vous parler de ce qui vous regarde. Je m'y intéresse sensiblement. Recevez mon tendre et profond respect, c'est mon cœur qui vous parle.

(*) St. Lin passe pour le successeur immédiat de St. Pierre. Il était évêque de Rome pendant le fameux siège de Jérusalem. Il n'y avait alors ni daterie ni chambre apostolique. On ignore le revenu dont jouissait St. Lin. On ignorerait peut-être jusqu'à son nom, s'il n'avait pas trouvé place dans le canon de la messe.

LETTRE

LETTRE IV.

DU CARDINAL DE BERNIS.

De Montélimart, le 17 novembre.

1761.

J'ATTENDS avec la plus grande impatience, mon cher Confrère, cette Tragédie faite en six jours, et que vous trouvez si digne du sacré Collège. Je répondrais du succès de cet ouvrage, précisément parce qu'il a été achevé aussitôt que projeté. Cela prouve que le sujet est heureux et bien choisi ; cet avantage supplée souvent à tous, et n'est suppléé par rien. D'ailleurs, on sait qu'il vous faut moins de tems qu'à un autre pour bien faire. J'ai lu avec grand plaisir votre Épître sur l'Agriculture ; mais dans ces sortes d'ouvrages, il est bon d'imiter Montaigne, qui laisse aller son imagination sans se soucier du titre que porte le chapitre qu'il traite. Malgré les beaux exemples que vous me citez, je n'irai point au temple d'Épidaure. Je le regretterai moins que les *Délices*; car j'ai plus besoin de la conversation d'un homme d'esprit, que des conseils du meilleur médecin de l'Europe. Vos Ducs, Princes et femmes dévotes ont encore moins de ménagemens à garder qu'un ancien ministre. Le duc de Villars s'est embarqué sur le Rhône, et n'a point passé à Montélimart. J'admire la fécondité et la jeunesse de votre esprit; cela prouve, outre le grand talent, une bonne santé. Lorsque le corps souffre, l'esprit est bien malade. Conservez long-tems votre gaîté; votre santé en sera plus ferme, et vos ouvrages en seront plus piquans et plus aimables. Il est inutile que je vous assure que je ne prendrai ni ne laisserai prendre de copie de votre Tragédie. Adieu, mon cher Confrère, je vous aime presqu'autant que je vous admire.

LETTRE V.

DE VOLTAIRE.

Aux Délices, le 23 d'octobre.

(*En lui envoyant la Tragédie de Cassandre* (*), *faite en six jours*).

MONSEIGNEUR, c'est à vous à m'apprendre si après avoir passé six jours à créer, je dois dire *pœnituit fecisse*. A qui m'adresserai-je, si non à vous? Vous pouvez avoir perdu le

___

(*) Cette pièce de Cassandre, dont il parle dans presque toutes les lettres écrites à la même époque, est la tragédie à laquelle il a ensuite donné le titre d'*Olympie*, afin que Mademoiselle Clairon parût y jouer le premier rôle. Il attachait une grande importance à cet ouvrage. *Si Cassandre ne vous plaît pas*,

goût de vous amuser à faire les vers du monde les plus agréables, mais sûrement vous n'avez pas perdu ce goût fin que je vous ai connu, qui vous en faisait si bien juger. Votre Éminence aime toujours nos arts qui font le charme de ma vie. Daignez donc me dire ce que vous pensez de l'esquisse que j'ai l'honneur de vous envoyer. Le brouillon n'est pas trop net ; mais s'il y a quelques vers d'estropiés, vous les redresserez ; s'il y en a d'omis, vous les ferez. Je crois que pendant que vous étiez dans le ministère, vous n'avez jamais reçu

écrivait-il à M. d'Argental, *vous me fendez le cœur.* — *Elle a fait pleurer et frémir tous ceux à qui je l'ai lue*, disait-il à Madame de Fontaine, sa nièce, toutefois après avoir beaucoup retouché *son ouvrage de six jours.* Et cependant cette pièce, qui devait produire, que nous avons vu dans son tems produire un si terrible effet, Olympie n'est pas restée au théâtre. Doit-on en accuser l'ouvrage ou la bisarrerie du public ?

de projet de nos têtes chimériques, plus extraordinaire que le plan de cette Tragédie. Vous verrez que je ne vous ai pas trompé quand je vous ai dit que vous y trouveriez une religieuse, un confesseur, un pénitent.

Que je suis fâché que vous n'ayez point de terres vers le pays de Gex! nous jouerions devant Votre Éminence. J'ai un théâtre charmant et une jolie église; vous présidériez à tout cela. Vous donneriez votre bénédiction à nos plaisirs honnêtes.

Serez-vous assez bon pour marquer sur de petits papiers attachés avec des petits pains; *Ceci est mal fait, cela est mal dit*; ce sentiment est exagéré, cet autre est trop faible, cette situation n'est pas assez préparée, ou elle l'est trop, etc.

Vir bonus et prudens versus reprehendet inertes,
Culpabit duros, etc.

Puissiez-vous vous amuser autant

à m'instruire, que je me suis amusé à faire cet ouvrage, et avoir autant de bonté pour moi, que j'ai d'envie de vous plaire et de mériter votre suffrage. Ah! que de gens font et jugent, et que peu font bien et jugent bien! Le cardinal de Richelieu n'avait point de goût; mais, mon Dieu, était-il un aussi grand homme qu'on le dit? J'ai peut-être dans le fond de mon cœur l'insolence de... mais je n'ose pas...... Je suis plein de respect et d'estime pour vous, et si...... mais..... *Volt.*

LETTRE VI.

DU CARDINAL DE BERNIS.

De Montélimart, le 10 décembre.

Je vous envoie, mon cher Confrère, votre ouvrage de six jours, je crois que quand vous en aurez employé six autres à soigner un peu le style de cette pièce, à mettre à la place des premières expressions qui se sont présentées dans le feu de la composition, des expressions plus propres ou moins générales, cet ouvrage sera digne de vous et de l'amour que vous avez pour lui. J'avoue que je crains un peu pour l'impression que fera au théâtre le rôle de Cassandre. Empoisonneur et assassin, il est encore superstitieux, et ses remords n'intéressent guères, parce qu'ils ne partent que de ses craintes, et de la faiblesse de son ame. Aucune grande action ne fait le contrepoids de ses crimes. Son ambition même est subordonnée à son amour. Antigone, aussi criminel que Cassandre, a un caractère plus décidé, et qui fait grand tort à l'autre. L'amour d'Olympie peut manquer son effet par le peu d'intérêt qu'on prendra peut-être à son amant. Il y a aussi quelque chose d'embarrassé dans la cérémonie du serment de Cassandre et d'Olympie ; elle a l'air d'un véritable mariage. Je comprends les raisons que vous avez eues ; mais je voudrais quelque chose de plus net. Il suffit qu'Olympie ait promis sa main par serment aux pieds des autels à Cassandre, pour qu'elle soit liée et qu'il résulte de là tout le jeu des passions contraires, que vous avez si bien mises en œuvre. Je ne voudrais pas non plus que Cassandre se poignardant, jettât le poignard à son rival ; cette action est bien délicate devant un parterre français. Si Antigone ne ramasse pas le poignard, cela rend l'action de Cassandre ridicule ; s'il le ramasse et veut s'en frapper, on demande pourquoi un homme ambitieux se tue, parce que son rival expire, et lorsqu'en perdant une femme qu'il ne voulait épouser que par ambition, il acquiert tous les droits qu'elle réunissait à la succession d'Alexandre. Je ne sais aussi si le culte de Vesta que vous établissez au temple d'Éphèse, ne vous ferait pas quelqu'affaire avec nos voisins de l'Académie des Inscriptions. Il me semble que *Vesta* était adorée par les Grecs sous le nom de *Cybèle*, et sous celui de *Vesta* par les seuls Romains. Au surplus, je vous déclare qu'il y a long-tems que je n'ai lu de mythologistes. Voilà en gros ce que j'avais à vous dire sur votre Tragédie, dont le succès dépendra beaucoup du spectacle et des acteurs. Le dernier coup de théâtre peut beaucoup frapper, si la machine sert bien le talent de l'actrice. Cette pièce m'est arrivée quand je commençais à être attaqué d'un gros rhume de poitrine, auquel la goutte s'est jointe. Je souffre moins aujourd'hui, et je profite de ce relâche pour vous écrire. On est bien sévère quand on est malade. Je vous dois cependant trois heures délicieuses, que la lecture de votre Pièce m'a procurées. J'ai senti que les vieilles fables avaient du fondement, et que les beaux vers ont réellement le droit de suspendre pour quelques momens la douleur. Je serais entré dans un plus grand détail, si ma santé me l'avait permis ; mais je n'ai pas voulu garder plus long-tems votre manuscrit. Adieu, mon cher Confrère ; je vous aime, et j'adore vos talens et votre gaîté.

LETTRE VII.

DE VOLTAIRE.

Aux Délices, le 15 décembre.

Vous avez raison, Monseigneur, vous avez raison ; il faut absolument que Cassandre soit innocent de l'empoisonnement d'Alexandre, et qu'il soit bien évident qu'il n'a frappé Statira que pour défendre son père ; il doit intéresser, et il n'intéresserait pas, s'il était coupable de ces crimes qui inspirent l'horreur et le mépris. Je suis de votre avis dans tout ce que vous dites, excepté dans la critique du poignard qu'on jette au nez d'Antigone ; ce drôle-là ne le ramassera pas, quelque sot qu'il soit. Ce n'est pas un homme à se tuer pour des filles ; et d'ailleurs, tant de prêtres, tant de religieuses et d'initiés se mettront entr'eux, que je les défierais de se tuer. Je remercie vivement, tendrement Votre Éminence. Savez-vous bien que j'ai passé la nuit à faire usage de toutes vos remarques? Il me paraît que vous ne vous souciez guères des grands mystères et des initiations. Cela n'est pas bien. Statira religieuse, Cassandre qui se confesse, tout cela me paraît fait pour la multitude. Le spectacle est auguste, et fournit des idées neuves ; tout cela nous amusera sur notre petit théâtre. Je voudrais jouer devant Votre Éminence *recreatus præsentiâ*. Que vous êtes aimable de vous amuser des arts! vous devez au moins les juger, après avoir fait de si jolies choses, quand vous n'aviez rien à faire. Je vois par vos remarques, que vous ne nous avez pas tout-à-fait abandonnés. Mon avis est que vous vous mettiez tout de bon à cultiver vos grands talens. Le cardinal Passionei (*) disait qu'il n'y avait que lui qui eût de l'esprit

---

(*) Le cardinal Passionei, créé bibliothécaire du Vatican par Benoît XIV, avait en effet de l'esprit, des connaissances et du goût ; et ce n'est pas le seul hommage de ce genre que Voltaire lui ait rendu. Il joignait à ces qualités une grande fermeté de caractère, et en donna une preuve remarquable lors de l'élection de Clément XIII, en 1758. On sait que lorsque le résultat du scrutin annonce que la majorité requise s'est déclarée en faveur du candidat, tous les cardinaux se rendent dans la cellule du nouveau pondans le sacré collège. Vous n'aviez pas encore le chapeau dans ce tems-là. Je tiens que Votre Éminence a plus d'esprit et de talent que lui, sans aucune comparaison. Je voudrais savoir si vous faites quelque chose, ou si vous continuez de lire. Je ne demande pas indiscrettement ce que vous faites, mais si vous faites. Le cardinal de Richelieu faisait de la théologie à Luçon. Dieu vous pré-

---

tife pour la cérémonie qu'on appelle l'*adoration*. Le cardinal Passionei, au lieu de se confondre en hommages, dit franchement à Rezzonico : *Je ne vous cacherai pas que je ne vous ai pas donné ma voix ; et quand j'aurais dû assister à dix conclaves, je ne vous l'aurais pas donnée.* A quoi Rezzonico répondit avec une feinte humilité qui ne laissa pas de déconcerter Passionei : *Si tous les Cardinaux m'avaient rendu la même justice, je n'occuperais pas la place éminente à laquelle ils m'ont élevé.* Le cardinal Passionei était mort peu de mois avant la date de cette lettre. Voltaire dans sa correspondance de cette année, parle souvent de la perte que les sciences et les arts avaient faite à sa mort.

servera de cette belle occupation. Je voudrais encore savoir si vous étes heureux, car je veux qu'on le soit malgré les gens. Votre Éminence dira, voilà un bavard bien curieux; mais ce n'est pas curiosité; cela m'importe, je veux absolument qu'on soit heureux dans la retraite.

Vous m'avez permis de vous envoyer dans quelque tems des remarques sur Corneille; vous en aurez, et je suis persuadé que ce sera un amusement pour vous de corriger, retrancher, ajouter. Vous rendriez un très-grand service aux Lettres. Hé, mon dieu! qu'a-t-on de mieux à faire, et quelles sottises de toutes les espèces on fait à Paris! Je ne reverrai jamais ce Paris. On y perd son tems, l'esprit s'y dissipe, les idées s'y dispersent; on n'y est point à soi. Je ne suis heureux que depuis que je suis à moi-même; mais je le serais encore davantage si je pouvais vous faire ma cour ; cependant, je suis bien vieux. *Vale*, Monseigneur, au pied de la lettre, *gratia*, *fama*, *valetudo*. On m'a envoyé les chevaux et les ânes. Voulez-vous que je les envoie à Votre Éminence (*) ?

LETTRE VIII.

DU CARDINAL DE BERNIS.

De Montélimart, le 23 décembre.

Je ne comprends pas, mon cher Confrère, pourquoi vous êtes si attaché à ce poignard jetté au nez d'Antigone (**). Vous conviendrez que si

---

(*) C'est une des petites productions satyriques de M. de Voltaire; et l'on peut dire, une de celles qui font le moins d'honneur à son talent. Il la composa le premier janvier 1761. On la trouve dans le 14e. volume de ses OEuvres complettes, page 169.

(**) Voltaire s'est rendu à ces nouvelles observations ; et le *jet du poignard* a été supprimé.

cette action n'est pas ridicule, elle est au moins inutile, et que toute action inutile doit être rejettée du théâtre, sur-tout dans un dénouement. Au reste, comme personne ne sait mieux que vous ce qui peut et doit réussir, je ne disputerai pas plus long-tems contre votre expérience et vos lumières. Vous êtes curieux de savoir si je fais quelque chose et et si je cultive encore les Lettres. J'ai abandonné totalement la poësie depuis onze ans ; je savais que mon petit talent me nuisait dans mon état et à la cour ; je cessai de l'exercer sans peine, parce que je n'en faisais pas un certain cas, et que je n'ai jamais aimé ce qui était médiocre ; je ne fais donc plus de vers, et je n'en lis guères, à moins que comme les vôtres ils ne soient pleins d'ame, de force et d'harmonie ; j'aime l'histoire. Je lis ou me fais lire quatre heures

heures par jour; j'écris ou je dicte deux heures; voilà six heures de la journée bien remplies : le reste est employé à mes devoirs, à la promenade et à l'arrangement de mes affaires. Je n'ai point abandonné Horace ni Virgile. Je reviens toujours à eux avec plaisir. Vous dites que le cardinal de Richelieu faisait de la théologie à Luçon. Je suis tenté bien souvent de la réduire à ses véritables bornes; c'est-à-dire, de la dépouiller de toutes les questions étrangères au dogme, et d'enseigner par cette méthode l'art d'éteindre toutes ces disputes d'école, qui ont été et seront la source des plus grands troubles et des plus grands crimes (*).

Vous me demandez si je suis heureux ; oui, tant que l'humeur de la

---

(*) Ceux qui ont suivi de près le cardinal de Bernis pendant son long séjour à Rome, ceux qui ont lu sa correspondance avec le gouvernement, et

goutte ne me tracasse pas. Les grandes places m'avaient rendu malheureux, parce que je sentais que je ne pouvais y acquérir la réputation que mon âme ambitionnait, ni y faire le bien de ma Patrie. J'étais trop sensible aux maux publics, quand le public avait droit de m'en demander la guérison ; mes devoirs faisaient la mesure de ma sensibilité. Plus ils ont été multipliés, moins j'ai été heureux. Aujourd'hui, rien ne m'agite, parce que mes obligations sont plus aisées à remplir.

Adieu, mon cher Confrère, je vous souhaite les bonnes fêtes et la bonne année. Envoyez-moi les ânes et les chevaux, s'il est convenable de me les envoyer.

---

connaissent ses relations multipliées avec les deux Pontifes dont il a été le conseiller et l'ami, s'accordent à dire qu'il a constamment conformé sa conduite à ces sages maximes.

LETTRE IX.

DE VOLTAIRE.

1761.

Aux Délices, ce 28 décembre.

Monseigneur, *les chevaux et les ânes* étaient une petite plaisanterie ; je n'en avais que deux exemplaires ; on s'est jetté dessus ; car nous avons des virtuoses. Si je les retrouve, Votre Éminence s'en amusera un moment ; ce qui m'en plaisait, surtout, c'est que le théatin Boyer était au rang des ânes.

Voyez, je vous prie, si je suis un âne dans l'examen de Rodogune. Vous me trouverez bien sévère ; mais je vous renvoie à la petite apologie que je fais de cette sévérité à la fin de l'examen. Ma vocation est de dire ce que je pense, *fari quæ sentiam :* et le théâtre n'est pas de ces sujets sur lesquels il faille ménager la faiblesse, les préjugés et l'autorité. Je vous demande en grâce de consacrer deux ou trois heures à voir en quoi j'ai raison et en quoi j'ai tort : rendez ce service aux Lettres, et accordez-moi cette grâce. Dictez, *il vostro parere*, à votre secrétaire. Vous lirez au coin du feu, et vous dicterez sans peine des jugemens auxquels je me conformerai

> Bene si potria dir, frate tu vei
> L'altrui monstrando, e non vedi il tuo fallo.

Et puis vous me parlerez de poutre et de paille dans l'œil : à quoi je répondrai que je travaille jour et nuit à rapetasser mon *Cassandre*, et que je pourrai même vous sacrifier ce poignard qu'on jette au nez des gens, etc., etc., etc.

Quoi, sérieusement, vous voulez rendre la théologie raisonnable ! mais il n'y a que le diable de Lafontaine à qui cet ouvrage convienne. C'est *la chose impossible!* (*)

Laissez-là St. Thomas s'accorder avec Scot. J'ai lu ce Thomas ; je l'ai chez moi. J'ai deux cents volumes sur cette matière, et qui pis est, je les ai lus. C'est faire un cours de petites maisons. Riez, et profitez de la folie et de l'imbécilité des hommes. Voilà je crois l'Europe en guerre pour dix ou douze ans. C'est vous, par parenthèse, qui avez attaché le grelot (**). Vous me fîtes alors un

(*) Voltaire fait allusion à un des contes les plus libres de Lafontaine, qui a pour titre : *La Chose impossible.*

(**) Voltaire veut parler de la guerre de 1756 ; mais il n'ignorait pas sans doute que l'abbé de Bernis avait d'abord opiné contre la rupture avec le roi de Prusse, qui est désigné dans cette lettre par le nom de *Sanglier.* Bernis n'était pas encore du conseil du roi ; mais Mad. de Pompadour et les Ministres, qui voyaient la faveur dont il jouissait auprès de lui, ne

plaisir infini. Je ne croyais pas que le sanglier que vous mettiez à la broche fût d'une si dure digestion.

lui laissaient rien ignorer. Ce fut lui qui décida à envoyer à Frédéric II M. de Nivernois, pour le ménager et pénétrer ses desseins, et s'assurer si les offres qu'il nous faisait alors étaient sincères. Mais M. de Nivernois n'arriva à Berlin que pour être témoin de la signature du traité entre l'Angleterre et la Prusse. Notre guerre avec les Anglais n'avait pas encore éclaté, mais paraissait inévitable. On sentit dès-lors la nécessité de chercher un allié puissant dans le continent. La reine de Hongrie nous sollicitait depuis quelque tems. Sa fierté se laissa décider par M. de Kaunitz, alors Ambassadeur en France, et ensuite par M. de Stahremberg, son successeur, à employer le crédit de Madame de Pompadour, dont la vanité séduite fut facile à égarer. L'abbé de Bernis fit les plus fortes oppositions au projet d'alliance. Il contraria même sur cet objet Madame de Pompadour, avec une noble franchise. N'ayant pu la convertir, il se laissa employer à la négociation du traité, sans doute pour en atténuer les fâcheux effets; et ce fut lui seul qui empêcha du moins que ce traité ne fût offensif, comme le voulaient Louis XV et son Conseil. Voyez les Mémoires de Duclos, tome II, p. 398 — 424. On voit par la réponse du Cardinal à cette lettre,

C'est je crois la faute de vos marmitons. Une chose me console, avant que je meure, c'est que je n'ai pas peu contribué, tout chétif atôme que je suis, à rendre irréconciliables certain chasseur (*) et votre sanglier. J'en ris dans ma barbe; car quand je ne souffre pas, je ris beaucoup, et je tiens qu'il faut rire tant qu'on peut. Riez donc, Monseigneur, car, au bout du compte, vous aurez toujours de quoi rire. Je me sens pour vous le goût le plus tendre et le

---

qu'il n'était pas trop flatté que l'on crût qu'il avait *attaché le grelot*, et qu'il ne se regardait pas comme responsable des fâcheux résultats de la guerre de 1756.

(*) Il est sans doute ici question de M. de Choiseul, dont Voltaire paraissait se plaire à nourrir l'animosité contre le roi de Prusse. Frédéric la payait de retour. Voyez comme il s'exprime sur son compte dans sa lettre à Voltaire, du 31 octobre 1760, tome 65, p. 325. *Laissons-là*, dit-il en parlant de lui, *tous ces illustres scélérats, ces fléaux de la terre et de l'humanité.*

plus respectueux. Je me souviens toujours de vos grâces, de votre belle physionomie, de votre esprit; vivez *felix*. Daignez m'aimer un peu, vous me ferez un plaisir extrême.

LETTRE X.

DU CARDINAL DE BERNIS.

A Montélimart, le 30 janvier.

JE suis persuadé, mon cher Confrère, que Corneille, s'il vivait, serait assez grand homme pour se soumettre à l'examen que vous avez fait de Rodogune et pour adopter vos critiques. Pour moi, après une comparaison exacte de la pièce avec les remarques, je vous avoue que je n'ai rien à changer à vos observations. Toutes les fautes que vous avez relevées, soit dans ce qui concerne l'art du théâtre, la diction ou les règles grammaticales, sont saisies avec autant de justesse que d'équité. Je ne vous trouve pas trop sévère ; vous auriez pu l'être davantage sur ce qui appartient au goût et à la diction : mais malgré l'équité de vos arrêts, Rodogune restera au théâtre, et il n'y a qu'un homme de génie qui puisse imaginer, créer, et qui osât hasarder le cinquième acte de cette tragédie. Vous me ferez le plus grand plaisir du monde de m'envoyer encore quelques arrêts de votre parlement ; ils m'intéressent plus que les décrets de prise de corps contre les vicaires de St. Leu, ou les confesseurs des religieuses de St. Cloud. Donnez-moi aussi des nouvelles de *Cassandre*. Vous avez tous les caractères d'un homme supérieur ; vous faites bien, vous faites vite, et vous êtes docile.

Nous parlerons quelque jour du

grelot que vous dites que j'ai attaché, et des marmitons qu'on a voulu employer malgré moi. J'ai connu un architecte à qui on a dit : vous ferez le plan de cette maison, mais bien entendu que l'ouvrage commencé, les piqueurs, ni les maçons, ni les manœuvres, ne seront point sous votre direction, et s'écarteront de votre plan autant qu'il leur conviendra de le faire. Le pauvre architecte jetta là son plan et s'en alla planter ses choux. Riez dans votre barbe, quand vous ne pourrez pas rire tout haut, mais riez toujours, car cela est fort sain pour vous et fort agréable pour moi. Je serai ici jusqu'au 15 de mai, après quoi j'irai passer le reste de l'été chez ma sœur, dans les montagnes, et je regagnerai tout doucement le Soissonnais, à moins que ma santé, qui s'est bien trouvée du climat méridional, ne s'y opposât.

Adieu, mon cher Confrère, je ne conçois pas de plus grand plaisir que celui que j'aurais de vous revoir, de causer avec vous, et de vous embrasser aussi tendrement que je vous aime.

LETTRE XI.

DE VOLTAIRE.

Aux Délices, ce 26 janvier.

Avez-vous, Monseigneur, daigné recommencer Rodogune, que j'eus l'honneur d'envoyer à Votre Éminence il y a un mois ? Vous avez pu vous faire lire le commentaire en tenant la pièce, c'est un amusement ; dites-moi donc quand j'ai raison et quand j'ai tort, c'est encore un amusement.

En voici un autre. C'est mon œuvre des six jours, qui est devenu un œuvre de six semaines. Vous verrez que j'ai profité des avis que vous avez bien voulu me donner. Il n'y a que ce poignard qu'on jette toujours au nez; mais je vous promets de vous le sacrifier; j'aime passionnément à consulter, et à qui puis-je mieux m'adresser qu'à vous ? Aimez toujours les Belles-Lettres, je vous en conjure; c'est un plaisir de tous les tems, *et per deos immortales*, il n'y a de bon que le plaisir; le reste est fumée; *vanitas vanitatum, et afflictio spiritus*. Quand vous aurez lu ma drogue, Votre Éminence veut-elle avoir la bonté de l'envoyer à M. le duc de Villars, à Aix; il a vu naître l'enfant, il est juste qu'il le voie sevré, en attendant qu'il devienne adulte.

Je fus tout ébahi ces jours passés, quand le Roi m'envoya la pancarte du rétablissement d'une pension que j'avais autrefois avec une belle ordonnance. Cela est fort plaisant, car il y aura des gens qui en seront fâchés. Ce ne sera pas vous, Monseigneur, qui daignez m'aimer un peu, et à qui je suis bien tendrement attaché avec bien du respect.

P. S. Je me flatte que votre santé est bonne ; il n'en est pas de même de celle du roi de Prusse (*), ni même de la mienne ; je m'affaiblis beaucoup.

(*) Il avait reçu de lui une lettre fort morose en date du 31 octobre 1760. Ce qui paraît un peu étrange c'est que Voltaire fut encore en correspondance avec le roi de Prusse, non-seulement au milieu de la guerre, mais sur-tout pendant que, dans ses lettres qu'il comptait sans doute devoir rester secrettes, il s'expliquait sur le compte de ce prince avec si peu de ménagement.

LETTRE XII.

DU CARDINAL DE BERNIS.

Du 4 février.

Je m'empresse, mon cher Confrère, de vous faire mon compliment bien sincère sur le rétablissement de votre pension. J'en suis encore plus aise pour l'honneur des Lettres que pour vous-même, quoiqu'il soit fort agréable d'éprouver les bontés de son Maître et de faire un peu enrager ses ennemis.

Vous devez avoir reçu les remarques sur Rodogune, avec une lettre d'entière approbation. Toutes vos observations m'ont paru aussi justes que judicieuses.

Je viens de relire Cassandre. Vos six semaines ont été bien employées. Il règne dans cette pièce une chaleur et un intérêt que je désirais à la première lecture. Voici une véritable tragédie où l'amour et l'ambition causent de grands malheurs. Si vous voulez bien passer encore une journée à donner à quelques parties de ce grand tableau, des coups de force et de lumière, et à substituer des expressions plus propres ou plus animées, à un petit nombre d'expressions trop vagues et trop faibles, je suis assuré que les gens d'esprit et de goût seront fort contens de cet ouvrage. Je voudrais cependant qu'il fût dit plus clairement comment Statira a été tuée au milieu des combats par Cassandre; est-ce dans une bataille ou dans le sac de Babylone? Statira commandait-elle une armée, ou l'a-t-on assiégée dans son palais? Je voudrais que Cassandre dît aussi un peu plus franchement à son confident, ou dans un monologue que l'ambition l'a porté au meurtre de Statira. Il doit rejetter cette horreur sur le hasard des combats et la fatalité de la guerre, lorsqu'il parle à la mère et à la fille. On ne comprend pas comment Cassandre a pu se méprendre au point de tuer une femme pour un homme, ou si c'est une femme qu'il a voulu tuer, qu'il n'ait pas reconnu la veuve d'Alexandre : Statira lui reproche deux fois qu'après l'avoir poignardée il l'a traînée sur la poussière ; je retrancherais cette circonstance atroce, qui rend Cassandre encore plus dégoûtant qu'odieux. Celui-ci doit affaiblir son crime, autant qu'il le peut, aux yeux d'Olimpie et de sa mère; mais il en doit instruire le spectateur, et lui avouer que la politique et l'ambition l'ont poussé à cet excès : cet aveu en diminuerait l'horreur. Voilà mon petit avis que je soumets au vôtre.

vôtre (*). Je suis bien fâché que vous ne soyez pas content de votre santé ; il me semble cependant qu'une belle tragédie annonce qu'on se porte bien. J'ai prié le duc de Villars de me renvoyer Cassandre quand il l'aurait lu, parce que je vous ferais passer cette pièce sous mon contre-seing. Adieu mon cher Confrère, aimez-moi toujours, et ne vous lassez pas de m'enrichir.

(*) On n'est pas peu étonné de voir le cardinal de Bernis présenter des critiques aussi sévèrement exprimées à l'amour-propre chatouilleux de Voltaire. Elles honorent la docilité de l'auteur tout autant que le goût du censeur. Elles arrivèrent à tems pour que le premier pût en profiter avant de faire jouer la pièce sur son théâtre de Ferney. La lettre du cardinal est du 4 février, et le premier essai d'Olimpie est du 24 mars suivant.

LETTRE XIII.
DE VOLTAIRE.

Aux Délices, le 10 février.

Puisque vous êtes si bon, Monseigneur, puisque les beaux-arts vous sont toujours chers, Votre Éminence permettra que je lui envoie mon commentaire sur Cinna; elle me trouvera très-impudent; mais il faut dire la vérité : ce n'est pas pour les neuf lettres qui composent le nom de Corneille que je travaille, c'est pour ceux qui veulent s'instruire.

La critique est aisée, et l'art est difficile.

Et je sens plus que personne cette énorme difficulté. Je reprendrai sans doute un certain Cassandre en sous-œuvre, tant que je pourrai. Je suis trop heureux que vous ayez daigné m'encourager un peu. Vous trouvez dans le fonds que je ressemble à ces vieux débauchés qui ont des maîtresses à soixante et dix ans. Mais qu'a-t-on de mieux à faire ? Ne faut-il pas jouer avec la vie jusqu'au dernier moment ? N'est-ce pas un enfant qu'il faut bercer jusqu'à ce qu'il s'endorme ? Vous êtes encore dans la fleur de votre âge ; que ferez-vous de votre génie, de vos connaissances acquises, de tous vos talens ? Cela m'embarrasse. Quand vous aurez bâti à Vic, vous trouverez que Vic laisse dans l'ame un grand vuide, qu'il faut remplir par quelque chose de mieux. Vous possédez le feu sacré, mais avec quels aromates le nourrirez-vous ? Je vous avoue que je suis infiniment curieux de savoir ce que devient une ame comme la vôtre. On dit que vous donnez tous les jours de grands dîners. Eh mon Dieu ! à qui ? J'ai du moins des philosophes dans mon canton. Pour que la vie soit agréable, il faut *fari quæ sentias*. Contrainte et ennui sont synonimes.

Vous ne vous douteriez pas que j'ai fait une perte dans l'impératrice de toute Russie (*). La chose est pourtant ainsi. Mais il faut se consoler de tout. La vie est un songe ; rêvons donc le plus gaiement que nous pourrons. Ce n'est pas un rêve quand je vous dis que je suis enchanté des bontés de Votre Éminence, que je suis son plus passionné partisan, plein d'un tendre respect pour elle.

(*) Il n'était pas en relation directe avec l'impératrice Elisabeth, comme il l'a été depuis avec Cathérine II ; mais il en parlait souvent avec reconnaissance dans sa correspondance avec le comte de Schouwalof, qui lui transmettait de sa part des témoignages d'estime. D'ailleurs il était très-flatté que cette Princesse eût permis que son nom fût placé à la tête de ceux des souscripteurs aux Commentaires. Elle avait souscrit pour deux cents exemplaires en faveur de la petite nièce de Corneille.

LETTRE XIV.

1762.

DU CARDINAL DE BERNIS.

De Montélimart, le 25 février.

J'AI l'honneur de vous renvoyer, mon cher Confrère, *Cassandre*, que le duc de Villars m'a adressée, ainsi que vos remarques sur Cinna. Je crois qu'en revoyant votre tragédie, vous ferez bien de fonder encore davantage l'amour d'Olimpie pour Cassandre; il faut que cet amour soit d'une bonne constitution pour résister à la révélation de tant de crimes; ainsi, je crois nécessaire d'établir que Cassandre a sauvé la vie à Olimpie au péril de la sienne, dans un âge où elle ait pu en conserver la mémoire; qu'elle se rappelle cet évènement avec reconnaissance, qu'elle le raconte à sa mère, que Cassandre insiste sur ce service, quand il n'a plus d'autres droits à faire valoir, et que tout cela soit peint avec les traits vifs et piquans dont vos poches sont pleines ; on pardonnera à Olimpie d'aimer un homme à qui elle doit la vie, et de se tuer quand l'honneur lui défend de l'épouser. En un mot, elle sera plus intéressante.

A l'égard de vos remarques sur Cinna, je les adopte toutes ; vous pouviez même pousser la sévérité plus loin ; en disant que Cinna *est plutôt un bel ouvrage qu'une bonne tragédie*, vous avez tout dit. Qu'Auguste pardonne à Maxime par clémence ou par mépris, à la bonne heure ; mais on est révolté qu'il le conserve au rang de ses amis. Je crois que cette observation mérite d'être faite (*).

(*) Il est étonnant que Voltaire, dans ses Commentaires sur Cinna, n'ait pas adopté cette judicieuse observation.

Vous êtes en peine de mon ame, dans le vuide de l'oisiveté à laquelle je suis condamné à l'avenir. Avouez que vous me croyez ambitieux comme tous mes pareils ; si vous me connaissiez davantage, vous sauriez que je suis arrivé en place philosophe, que j'en suis sorti plus philosophe encore, et que trois ans de retraite ont affermi cette façon de penser au point de la rendre inébranlable. Je sais m'occuper ; mais je suis assez sage pour ne pas faire part au public de mes occupations (*) ; je n'avais

1762.

(*) En effet, depuis sa retraite du ministère, soit pendant son exil, soit lorsqu'il était à Alby, livré à ses devoirs épiscopaux, soit pendant son long séjour à Rome, le cardinal de Bernis a continué d'aimer et de cultiver les Lettres. Il se plaisait singulièrement aux entretiens dont elles étaient l'objet. Mais pendant ce long espace de tems, il n'a rien fait imprimer. Lorsque, croyant le flatter, on lui rappelait les jolis vers par lesquels il avait commencé à se faire connaître dans le monde, il détournait la conversation, et disait : *ne parlons pas de ces erreurs de ma jeunesse.*

besoin pour être heureux que de cette liberté dont parle Virgile, *quæ*

A sa mort, on a trouvé dans son porte-feuille quelques pièces de vers que ses amis même ont jugé peu propres à ajouter à sa réputation de poëte agréable, et un poëme ayant pour titre *la Religion vengée*. Il avait commencé cet ouvrage en 1737, à l'âge de vingt-deux ans, par les conseils et sous les auspices du cardinal de Polignac, et on ne le connaissait guères que par les fragmens qu'il en avait lus dans les sociétés. Le poëme de la Religion vengée ne prouve que ce que l'on savait déjà du talent du cardinal de Bernis, une imagination brillante, une très-heureuse fécondité. Il pourra plaire aux amateurs des vers coulans et faciles, mais ne convertira personne. Cependant une pareille production sortant des mains d'un des princes de l'Église, était un véritable triomphe pour elle, sur-tout dans le centre même de la catholicité. Le cardinal de Bernis ne la destinait probablement pas à l'impression. Ce fut le chevalier Azara, son ami particulier, le digne dépositaire de toute sa confiance, qui proposa au Pape d'en illustrer les presses du fameux imprimeur de Parme, Bodoni. Pie VI fut enchanté d'apprendre qu'un poëte cardinal eût employé les loisirs de sa jeunesse à élever ce monument à la religion. Fort peu en état d'apprécier le mérite littéraire de l'ouvrage, il n'y attachait de prix que sous le rapport théologique. Mais il pouvait

sera tamen respexit inertem (*). Je la possède en partie ; avec le tems s'y être glissé quelques erreurs auxquelles la cour de Rome devait craindre de donner une sorte de sanction, en le laissant imprimer tel qu'il était. Le Saint-Père crut donc devoir en confier l'examen à son oracle, infaillible selon lui, au cardinal Gerdyl, déjà connu des dévots par plusieurs ouvrages plus pieux que philosophiques ; entr'autres, par l'*anti-Émile*, et par l'*anti-Contrat Social*. Le cardinal censeur remplit cette nouvelle tâche sans amertume, en rendant une justice éclatante aux intentions de l'auteur ainsi qu'à ses talens, mais avec la sévérité minutieuse d'un théologien. C'est avec ce correctif seulement que le Pape consentit que le poëme du cardinal de Bernis fut imprimé sous ses auspices, et que le chevalier Azara lui en fit hommage. Il voulait absolument que ces notes fussent placées au bas du texte. Ce ne fut pas sans peine que le chevalier Azara obtint qu'elles seraient renvoyées à la fin de l'ouvrage. P. Didot l'aîné, qui a donné dans l'an cinq une édition des OEuvres du cardinal de Bernis, y a joint cet ouvrage posthume, mais sans les notes du cardinal Gerdyl. On les trouve dans l'édition que vient de publier And. Aug. Lottin, en 3 vol. in-4°.

(*) Passage de la première églogue de Virgile,
>Libertas : *quæ sera tamen respexit inertem,*
>Candidior postquam tondenti barba cadebat :
>Respexit tamen, et longo post tempore venit.

1762.

je la posséderai toute entière. Une main invisible m'a conduit des montagnes du Vivarais au faîte des honneurs; laissons-la faire, elle saura me conduire à un état honorable et tranquille ; et puis, pour mes menus plaisirs, je dois, selon l'ordre de la nature, être l'électeur de trois ou quatre papes (*), et revoir souvent

(*) Presque tous les pronostics que formait alors le cardinal de Bernis ont été trompés. Quelques années après il fut envoyé à Rome, où il eut longtems une existence *honorable* assurément, tous les voyageurs de l'Europe le savent, mais *tranquille !* il s'en fallut de beaucoup. Qu'il y avait peu de tranquillité dans cette brillante et continuelle représentation à laquelle le condamnaient son état, sa réputation, son crédit auprès de la cour de Rome ! De combien de tracasseries il a été tour à tour le confident, le conciliateur et le jouet ! Et à combien d'angoisses et de privations il a été livré vers la fin de sa vie ! Quant aux *trois ou quatre Papes*, à l'élection desquels il devait concourir, il ne pouvait pas prévoir qu'au second des conclaves où il assista il porterait au siége pontifical un Pape dont le long règne n'avait pas un exemple dans l'histoire de l'É-

cette partie du monde qui a été le berceau de tous les arts. N'en voilà-t-il pas assez pour *bercer cet enfant* que vous appelez *la vie*. Ne me souhaitez que de la santé, mon cher Confrère ; j'ai ou j'aurai tout le reste. Quand je désire une longue vie, je suppose votre existence et celle de quelques amis ; car je suis comme mademoiselle Scudéry, je ne voudrais pas vivre éternellement *si mes amis n'étaient éternels comme moi*. Adieu, mon cher Confrère, je ris comme un fou quand je songe que vous êtes destiné à vivre en Suisse, et moi à habiter un village.

glise Romaine, qui devait survivre à celui dont il tenait sa dignité et à sa dignité même. Au reste, tous ceux qui ont connu de près et qui ont suivi le cardinal de Bernis dans sa longue carrière conviendront que comme il fut un des hommes les plus aimables de son tems, il aurait été aussi compté parmi les plus heureux, s'il fut mort quatre ans plutôt.

LETTRE XV.

DE VOLTAIRE.

A Ferney, ce 5 mars.

Oui, Monseigneur, ceux qui disaient, quand vous fûtes ministre pour trop peu de tems : *Celui-là du moins sait lire et écrire*, avaient bien raison. Votre Éminence daigne se souvenir de Cassandre et me donne un excellent conseil, que je vais sur le champ mettre en pratique. Vous jugez encore mieux Cinna ; rien n'est mieux dit : *C'est plutôt un bon ouvrage, qu'une bonne tragédie*. Je souscris à ce jugement (*). Nous

---

(*) Il est étonnant, d'après ce que Voltaire dit ici, qu'il n'ait pas consigné ce jugement dans ses Commentaires sur Cinna ; mais il est vrai qu'il donne suffisamment à entendre que c'est son opinion sur cette tragédie ; et en l'énonçant davantage, il aura

n'avons guères de tragédies qui arrachent le cœur ; c'est pourtant ce qu'il faudrait.

Vous savez peut-être ce qui arriva à Tancrède, il y a huit ou dix jours. Je ne dis pas que ce Tancrède arrache l'ame, ce n'est pas cela dont il s'agit; il y a des vers ainsi tournés :

On dépouille Tancrède, on l'exile, on l'outrage :
C'est le sort d'un héros d'être persécuté.

Tout le monde battit des mains ; on cria *Broglie, Broglie*, et les battemens recommencèrent : ce fut un bruit, un tapage, dont les échos retentirent jusqu'au château où les deux frères vont faire du cidre. Si les voix des gens qui pensent étaient entendues, les échos de Montélimart

craint sans doute de justifier les reproches qu'on lui a faits sur sa sévérité en disant trop clairement que même le chef-d'œuvre dramatique du grand Corneille n'était pas une *bonne tragédie*.

feraient aussi bien du bruit. Je fais une réflexion en qualité d'historiographe ; c'est que pendant quarante ans, depuis l'aventure du marquis de Vardes, Louis XIV n'exila aucun homme de sa cour.

Pour vous, Monseigneur, vous avez un grand *umbrello* d'écarlate qui vous mettra toujours à couvert de la pluie. Vous aurez toujours la plus grande considération personnelle. Une chose encore qui met votre ame bien à son aise, c'est que tous les hasards sont pour vous, et qu'il n'y en a point contre ; votre jeu au fond est donc très-beau.

A propos de hasards, la ville de Genève, qui est celle des nouvellistes, dit que la Martinique est prise, et que Pierre III est d'accord avec Frédéric II ; et moi je ne dis rien, parce que je ne sais rien, sinon qu'il fait très-froid dans l'enceinte de nos montagnes, et que je suis actuellement en Sibérie. Mon pays est pendant l'été le paradis terrestre, ainsi je lui pardonne d'avoir un hiver. Je dis mon pays, car je n'en ai point d'autre. Je n'ai pas un bouge à Paris, et on aime son nid, quand on l'a bâti. La retraite m'est nécessaire comme le vêtement. J'y vis libre, mes terres le sont. Je ne dois rien au Roi. J'ai un pied en France, l'autre en Suisse ; je ne pouvais pas imaginer sur la terre une situation plus selon mon goût. On arrive au bonheur par de plaisans chemins. Ce bonheur serait bien complet, si je pouvais faire ma cour à Votre Éminence. Je la quitte pour aller faire une répétition sur notre théâtre, et très-joli théâtre, d'une comédie de ma façon. Ah ! si vous étiez-là, comme nous vous ferions une belle harangue, *recreati sacrâ præsentiâ.* J'ai le cœur serré de vous présenter de loin mon très-tendre et profond respect.

LETTRE XVI.

DU CARDINAL DE BERNIS.

A Montélimart, le 20 mars.

Il n'y a que vos lettres, mon cher Confrère, que je lise avec plaisir, et que j'attende avec impatience. Les hommes et les femmes n'ont aujourd'hui dans la tête que de gouverner l'Etat. C'est une dissertation continuelle et ennuyeuse ; rien n'est plus plat qu'une politique superficielle. Vous êtes aujourd'hui le seul homme en France qui voyez les choses avec esprit et gaîté. Rien n'est plus ridicule que cette foule de petits Atlas, qui croient porter le monde sur leurs épaules,

épaules, et qui se chargent de toutes les sollicitudes d'un Ministre principal. A propos de Ministre, ajoutez à vos réflexions d'historiographe, que depuis la disgrace de M. Fouquet, au commencement du règne de Louis XIV, ce prince n'a renvoyé que le seul marquis de Pomponne, qu'il rappela peu de tems après dans son conseil.

1762.

Ce que vous me dites du grand *umbrello* d'écarlate m'a fait rire, et m'a rappelé un propos que je tins, le jour que je reçus la barette en cérémonie; ce jour fut marqué par les circonstances les plus flatteuses : une foule de courtisans de tout ordre m'accompagnait chez moi; l'un d'eux me dit : M. le cardinal, voilà un beau jour! Dites plutôt, lui répondis-je en riant, *que voilà un bon parapluie*. Ce mot fut trouvé bon quelques jours après (*). Faites des comédies sur les comédies de ce monde ; jouez-les sur votre joli théâtre, entretenez la vigueur de votre esprit ; conservez votre gaîté comme la prunelle de l'œil ; elle est le signe de la santé et de la sagesse ; aimez-moi toujours et écrivez-moi, quand vous n'aurez rien de mieux à faire.

(*) Il l'était cependant médiocrement. Il n'avait pas même le mérite d'être vrai. Le cardinal la Balue, le cardinal de Retz avaient prouvé autrefois, et le cardinal de Rohan a prouvé depuis, que ce *bon parapluie* ne met pas toujours à l'abri des orages de cour : et le cardinal de Bernis lui-même prévoyait-il qu'à la fin de sa vie il ne le mettrait pas même à l'abri de la misère. La révolution française lui avait enlevé tous ses bénéfices qui faisaient sa seule fortune ; il se trouva réduit à son seul évêché d'Albano, qui rapportait à peine cent écus romains ; et il serait mort de faim, sans la pension que lui fit le Roi d'Espagne jusqu'à sa mort.

LETTRE XVII.

DE VOLTAIRE.

1762.

A Ferney, le 25 mars.

Permettez, Monseigneur, que ce vieux barbouilleur vous remercie bien sincèrement du plaisir qu'il a eu. Sans vos bontés, sans vos conseils, mon œuvre de six jours eût toujours été le cahos. Permettez que je fasse lire à Votre Éminence la petite relation histrionique que j'envoie à M. le duc de Villars (*). Quand elle l'aura lue, si tant est qu'elle daigne lire un tel chiffon, un peu de cire mis pro-

(*) C'est la lettre qu'il écrivit à M. le duc de Villars sous le titre de *Relation de ma petite drôlerie*. Elle se trouve imprimée dans le Recueil de ses Lettres, tome VI, p. 363 de l'édition in-8°. Il y raconte gaîment l'essai qui venait d'être fait sur son théâtre de Ferney de cette tragédie, qui alors lui tenait tant à cœur, et à laquelle il conservait encore le titre de Cassandre.

prement sous le cachet par un de vos secrétaires, rendra le paquet digne de la poste. Voilà de plaisantes négociations que je vous confie.

Je profite de tous vos conseils, je me donne du *bon tems*, peut-être un peu trop, car il ne m'appartient pas de donner à souper à deux cents personnes. J'ai eu cette insolence. *Nota bene*, que nous avions deux belles loges grillées. Nous avons combattu à Arques, où était le brave Crillon? pourquoi était-il à Montélimart?

Voulez-vous, quand vous voudrez vous amuser, que je vous envoie *le Droit du Seigneur?* cela est gai et honnête; on peut envoyer cette misère à un cardinal. Je ne dis pas à tous les cardinaux, Dieu m'en garde: *Pauci quos equus amavit Jupiter.*

J'ai encore à vous dire que je suis très-soumis à la leçon que vous me donnez de ne point lire ou de ne lire guères, tous ces livres où des marquis et des bourgeois gouvernent l'État. Connaissez-vous, Monseigneur, la comédie danoise du *Potier d'étain* (*) ; c'est un potier qui laisse sa roue pour faire tourner celle de la fortune et pour régler l'Europe. On lui vole son argent, sa femme, sa fille, et il se remet à faire des pots.

Oserai-je, sans abandonner mes pots, supplier Votre Éminence de vouloir bien me dire ce que je dois penser de l'aventure affreuse de ce

---

(*) C'est une des Pièces du principal poëte dramatique du Dannemarck, de Holberg, mort en 1754. Il avait plus d'un rapport avec Voltaire. Comme lui, il dût une grande partie de sa fortune à ses ouvrages. Comme lui, il embrassa presque tous les genres de littérature. Dans sa vieillesse, il ressemblait un peu à Voltaire par la figure et l'accoutrement. Comme Voltaire enfin, il mourut dans un âge avancé, et conserva jusqu'à sa mort sa gaîté originale.

Calas, roué à Toulouse pour avoir pendu son fils ? C'est qu'on prétend ici qu'il est très-innocent, et qu'il en a pris Dieu à témoin en expirant. On prétend que trois juges ont protesté contre l'arrêt. Cette aventure me tient au cœur ; elle m'attriste dans mes plaisirs ; elle les corrompt. Il faut regarder le parlement de Toulouse, ou les protestans, avec des yeux d'horreur. J'aime mieux pourtant rejouer Cassandre et labourer mes champs.

Oh ! le bon parti que j'ai pris !

Le rat, retiré dans son fromage de Gruyères, souhaite à Votre très-aimable Éminence, toutes les satisfactions, de toutes les espèces qui lui plairont ; il est pénétré pour elle du plus tendre et du plus profond respect.

Bulletin pour apprendre à M. de Voltaire la mort de madame la comtesse de Narbonne-Pelet, nièce de Son Éminence.

1762.

LETTRE XVIII.

DE VOLTAIRE.

Aux Délices, le 15 mai.

J'étais à la mort, Monseigneur, quand Votre Éminence eut la bonté de me donner part de la perte cruelle que vous avez faite. Je reprends toute ma sensibilité pour vous et pour tout ce qui vous touche, en revenant un peu à la vie. Je vois quelle a dû être votre affliction ; je la partage ; je voudrais avoir la force de me transporter auprès de vous pour chercher à vous consoler.

Tronchin et la nature m'ont guéri d'une inflammation de poitrine et d'une fièvre continue ; mais je suis toujours dans la plus grande faiblesse.

J'ai la passion de vous voir avant ma mort ; faudra-t-il que ce soit une passion malheureuse ? Je vous avais supplié de vouloir bien vous faire informer de l'horrible aventure des Calas : M. le maréchal de Richelieu n'a pu avoir aucun éclaircissement satisfaisant sur cette affaire. Il est bien étrange qu'on s'efforce de cacher une chose qu'on devrait s'efforcer de rendre publique. Je prends intérêt à cette catastrophe, parce que je vois souvent les enfans de ce malheureux Calas qu'on a fait expirer sur la roue. Si vous pouviez, sans vous compromettre, vous informer de la vérité, ma curiosité et mon humanité vous auraient une bien grande obligation. Votre Éminence pourrait me faire parvenir le mémoire qu'on lui aurait envoyé de Toulouse, et assurément je ne dirais pas qu'il m'est venu par vous. Toutes les lettres que j'ai du Languedoc sur cette affaire se contredisent ; c'est un cahos qu'il est impossible de débrouiller ; mais peut-être Votre Éminence n'est-elle déjà plus à Montélimart, peut-être êtes-vous à Vic-sur-Aisne, où vous embellissez votre retraite, et où vous oubliez les malheurs publics et particuliers.

(Et puis de sa main).

Il faut absolument que je me serve de ma trop faible main, Monseigneur, pour vous dire combien mon cœur est à vous. Que ne puis-je vous entendre une heure ou deux ? Il me semble qu'à travers toute votre circonspection, vous me feriez sentir avec quelle douleur on doit envisager l'état présent de la France. Je vous tiens heureux de n'être plus dans un poste où l'on ne peut empêcher les malheurs, et où l'on répond au public de tous les désastres inévitables. Jouissez de votre repos, de vos lumières supérieures, de toutes les espérances pour l'avenir, et sur-tout du présent. Votre philosophie apportera de la consolation à la douleur de la perte de madame votre nièce. Agréez ma sensibilité et mon tendre respect.

LETTRE XIX.

DU CARDINAL DE BERNIS.

Le 18 mai.

Votre dernière lettre m'a fait sentir, mon cher Confrère, à quel point je vous aimais, et combien votre conservation importe au bonheur de ma vie. Hélas ! vous êtes le seul homme aujourd'hui qui conserviez à votre patrie l'idée de supériorité sur les autres

Nations; je sens avec vous combien il est heureux pour moi de n'être plus en place; je n'ai pas la capacité nécessaire pour tout rétablir, et je serais trop sensible aux malheurs de mon pays. Mon cœur est encore flétri de la perte que je viens de faire; ma nièce était mon amie; sa sœur, qui seule peut me consoler, a été pendant trois semaines dans le plus grand danger; et ce n'est que depuis quelques jours que j'ai l'espoir de la conserver. Je pars jeudi avec elle pour aller respirer le bon air des environs de Montpellier. Dès que sa santé sera rétablie, je regagnerai ma paisible retraite. Vos lettres y ranimeront mon ame. Il n'est pas nécessaire de vous observer qu'elles passent par Paris pour aller à Soissons, et qu'il faut être plus prudent avec moi qu'avec tout autre. Mon frère, qui est à Toulouse, n'a pu approfondir l'aven=

ture des Calas. Je ne crois pas un protestant plus capable d'un crime atroce qu'un catholique ; mais je ne crois pas aussi, (sans des preuves démonstratives) que des magistrats s'entendent pour faire une horrible injustice. Je puis encore recevoir de vos nouvelles avant mon départ pour Vic-sur-Aisne ; adressez-les à Montélimart. Soyez sûr que rien dans le monde ne me satisferait davantage que de vous voir un moment, de vous embrasser, de causer avec vous ; mais je suis obligé de retenir jusqu'à ma respiration pour éviter les tracasseries. Mes pareils n'ont cherché dans ma position que les moyens d'en sortir et de faire parler d'eux. Plus philosophe et moins ambitieux (*),

---

(*) Le cardinal de Bernis alla à Rome en 1769 pour assister au conclave qui suivit la mort de Clément XIII. Louis XV, pour lui annoncer qu'il devait s'y rendre, lui écrivit une lettre à-peu-près conçue

je ne cherche que le repos et l'obscurité. Dès que je n'ai pu faire le ainsi : » *Cette lettre est un peu différente de celle* » *que je vous écrivis le....* » (il lui rappelait la date précise de celle par laquelle il le disgraciait et l'envoyait en exil). » *Allez vous en à Rome. Vous y au-* » *rez mon secret. Le cardinal de Luynes en crévera,* » *mais n'importe,* etc. » Or voici quelle était la teneur de celle qu'il lui rappelait, et qu'il avait sans doute écrite sous la dictée de Madame de Pompadour : » *Votre tête légère n'a pu soutenir le poids de mes* » *bienfaits. Allez vous-en à votre abbaye pour ser-* » *vir à jamais d'exemple aux ingrats.* LOUIS. »

L'habileté qu'il déploya dans le conclave de 1769 le fit juger capable de servir d'une manière permanente les intérêts de son pays auprès du St. Siège. Or ces intérêts à l'époque où la maison de Bourbon méditait l'entière destruction des Jésuites, ne laissaient pas d'être délicats. Il fut donc renommé ministre du Roi T. C. à la cour de Rome. Ce ne fut qu'après le conclave de 1774 qu'il joignit à ce titre celui de Protecteur des Églises de France. Dès-lors, la seule ambition du cardinal de Bernis fut de passer à Rome le reste de ses jours. Il fut deux fois question de l'en rappeler ; une fois vers la fin du règne de Louis XV, l'autre au moment de la révolution. Il employa les plus vives instances et le crédit de ses amis pour obtenir qu'on lui conservât jusqu'à sa mort une place

bonheur et la gloire de la France, il ne me reste qu'à rendre ma famille heureuse, et à adoucir le sort de mes vassaux. La lecture, des réflexions sur le passé et sur l'avenir, un oubli volontaire du présent, des promenades, un peu de conversation, une vie frugale; voilà tout ce qu'il affectionnait par-dessus tout, et dans laquelle il croyait avoir rendu de véritables services à son pays.

Après sa retraite du ministère, il subit un exil qui dura jusqu'au 1er. janvier 1764. Il reparut alors à Versailles, où il fut fort bien accueilli. Il n'en fit pourtant pas son séjour habituel. Il y allait seulement quelquefois pour assister au Conseil du Roi. Dans le courant d'avril suivant, il perdit Madame de Pompadour, qu'il regretta sincèrement, malgré les rigueurs de ses dernières années. Quelque-tems après il fut nommé archevêque d'Alby, et resta constamment dans son diocèse jusqu'à son départ pour Rome qu'il n'a jamais quittée que pour aller passer une partie de l'été dans son diocèse d'Albano, et pour faire quelques voyages à Naples et dans d'autres villes d'Italie. Il est mort à Rome, le 1er. novembre 1794. Les trente dernières années de sa vie se sont donc écoulées sans qu'il ait revu Paris.

qui entre dans le plan de ma vie ; vos lettres en feront l'agrément. Je ne suis pas assez heureux pour me refuser ce secours, et le prix que j'y attache vous fait une loi de me l'accorder.

LETTRE XX.

DE VOLTAIRE.

Aux Délices, le 26 mai.

JE ne savais pas, Monseigneur, qu'ayant perdu madame votre nièce, vous aviez été encore sur le point de perdre sa sœur. Il y a deux mois que je n'éprouve, que je n'entends, et que je ne vois que des choses tristes. Permettez-moi de compter vos douleurs parmi les miennes. Je vous avais marqué qu'un de mes chagrins était de ne pouvoir jouir de la consolation de m'entretenir avec

Votre Éminence. Ce chagrin est d'autant plus fort, que je n'ai aucune espérance de vous revoir ; il m'est impossible de me transplanter. Tout ce que me permet mon état de langueur, est d'aller de Ferney aux Délices, et des Délices à Ferney, c'est-à-dire, de faire deux lieues. Certainement vous ne viendrez pas à Genève : aussi je n'ai que trop senti que je ne vous reverrais jamais. Je ne vous en serai pas moins tendrement attaché ; vos lettres charmantes où se peint une très-belle ame, et une ame vraiment philosophe, m'ont sensiblement touché. Je prendrai l'intérêt le plus vif à tout ce qui vous regarde, jusqu'au dernier moment de ma vie. Je vous exhorte toujours à joindre à votre philosophie l'amour des Lettres. Vous me paraissez faire trop peu de cas du génie aimable avec lequel vous êtes né. N'ayez jamais

mais cette ingratitude. Vous joignez à ce génie un goût fin et cultivé, qui est presqu'aussi rare que le génie même ; c'est une grande ressource pour tous les tems de la vie, et je sens que les Lettres font la plus grande consolation de la vieillesse, après celle qu'on reçoit de l'amitié. Je vous avouerai qu'elles sont chez moi une passion. Vous allez vous moquer de moi : mais je vous demande la permission de vous envoyer mon ouvrage de six jours, auquel vous m'aviez bien dit qu'il fallait travailler six mois (*). J'ai grande envie que cette Pièce soit ce que j'ai

---

(*) On a de la peine à concevoir cet engouement de Voltaire pour sa tragédie d'Olimpie, qui ne fit dans le tems qu'une médiocre sensation, et qui depuis a été presqu'entièrement oubliée. Une prédilection aussi marquée doit cependant avoir ses motifs ; et les lecteurs de ces lettres auront sans doute envie de juger eux-mêmes, en relisant Olimpie, si l'indifférence du public n'est qu'une injustice.

F

fait de moins mal : et je ne vois d'autre façon d'en venir à bout que de vous consulter. Vous n'avez vu que les matériaux ; vous verrez l'édifice ; ce sera pour vous un amusement et pour moi une instruction. Ayez la bonté de me faire savoir s'il faudra que j'envoie le paquet à Soissons. Je sais bien que les paquets passent par Paris, mais une tragédie n'effarouchera pas votre ami Jaunel. Auriez-vous lu une réponse d'un Jésuite de Lyon ou de Toulouse, à l'abbé Chauvelin ? intitulée, *acceptation du défi*. Il y a de la déclamation de collège, mais elle ne manque pas de raisons très-fortes ; cette affaire est une des plus singulières de ce siècle singulier.

On n'est pas content de notre Dictionnaire ; on le trouve sec, décharné, incomplet en comparaison de ceux de Madrid et de Florence. Oserai-je vous prier de me dire si vous approuvez cette expression: *donner de la croyance à quelque chose.* Le papier me manque pour vous dire à quel point j'aime et je respecte votre Éminence.

Puis-je vous dire que le Roi m'a conservé la charge de Gentilhomme ordinaire, et m'a fait payer d'une pension? Je ne me croyais pas si bien en cour.

LETTRE XXI.

DU CARDINAL DE BERNIS.

Gallargues, le 4 juin.

Vous pouvez, mon cher Confrère, m'adresser à Soissons l'ouvrage des six jours. Je compte arriver à Vic-sur-Aisne vers le 25. La santé de ma nièce est rétablie. Mon ame agitée et déchirée commence à se calmer.

1762.

Pourquoi renoncez-vous au plaisir de nous revoir? Vous écrirez encore long-tems et moi aussi; vous éclairerez encore long-tems notre siècle; et moi je l'édifierai par mon courage. Je suis très-aise que le Roi ait repris pour son gentilhomme le sujet qui fait le plus d'honneur à son règne; votre crédit à la cour m'intéresse et me divertit. Rien n'est si plaisant aux yeux d'un philosophe que la tragi-comédie de ce monde. Vous regrettez mes petits talens; pour moi, je vous avoue que je ne les aurais pas abandonnés si l'opinion de la cour et du monde ne les avait pas rendus incompatibles avec les emplois que j'ai exercés, et l'état auquel je suis attaché. J'ai connu de bonne heure l'empire du ridicule, et j'ai toujours craint le pouvoir qu'il a en France. Dans les pays étrangers où j'ai vécu, on trouvait un mérite de plus à un ministre de savoir écrire des vers faciles. A Paris et à Versailles, j'ai rencontré à chaque pas comme des obstacles les amusemens de ma jeunesse ; cette pédanterie ridicule m'a enfin dégoûté d'un genre qui m'avait amusé, délassé et quelquefois consolé. Puisque vous faites cas de mon amitié et que vous ne méprisez pas mon goût, envoyez-moi vos ouvrages ; je vous dirai mon sentiment, sans craindre de vous blesser, parce que vous savez que je vous aime et que je ne vous compare à aucun auteur vivant. Votre gloire m'est aussi chère que ma réputation ; c'est beaucoup dire, car je lui ai sacrifié sans hésiter ce que la fortune a de plus brillant. Ce commerce entre nous sera agréable, sans pouvoir paraître suspect. Je n'aime point du tout la phrase *donner de la croyance à quelque chose.* Notre Académie ne fera en corps que des ouvrages médiocres. Dieu veuille que nos confrères présens et futurs soutiennent sa réputation, ou plutôt sa considération, par leurs travaux particuliers ! Cette Académie n'est utile que par l'émulation qu'elle excite parmi les gens de lettres. Adieu, mon cher Confrère, aimez-moi toujours, et voyagez encore trente ans de Ferney aux Délices, comme Philippe II faisait de l'*Escurial au Pardo*. Je n'ai point vu le défi. Je ne crois pas que la destruction des Jésuites soit utile à la France, il me semble qu'on aurait pu les bien gouverner sans les détruire (*).

(*) Le cardinal de Bernis trahit ici un secret qui ne lui est peut-être pas échappé une seule fois pendant sa longue résidence à Rome. Une des principales occupations de sa mission a été de travailler à la suppression de la Société, jusqu'au moment où le fameux bref fut enfin arraché à Ganganelli ; et, après l'avoir obtenu, d'opposer la plus infatigable

LETTRE XXII.

DE VOLTAIRE.

1762.

Aux Délices, le 26 juin.

Vivent les Lettres! vivent les arts! vivent ceux qui ont un peu de goût pour eux, et même un peu de passion; Monseigneur, plus je vieillis, plus je crois, Dieu me le pardonne, que je deviens sage; car je ne connais plus que littérature et agriculture. Cela donne de la santé au corps et à l'ame, et Dieu sait alors comme on rit de ses folies passées et de toutes celles de nos confrères les humains.

vigilance aux efforts sans cesse renaissans que fit la Société pendant le pontificat de Pie VI, pour opérer sa résurrection ; et il a constamment déployé, pour remplir cette tâche, tout le zèle compatible avec son caractère éloigné de toute espèce de persécution, et avec la douceur de ses mœurs. *D'autres tems, d'autres soins.*

Je vous crois à présent dans votre retraite, que vous embellissez ; et je m'imagine que Votre Éminence y est très-*éminente* en réflexions solides, en amusemens agréables, en supériorité de raison et de goût, en toutes choses dignes de votre esprit. Ne bâtissez vous point ; n'avez-vous pas une bibliothèque ? Ne rassemblez-vous pas quelques personnes dignes de vous entendre ? Si vous en trouvez, voilà le grand point ; il est bien rare de trouver des penseurs en province, et sur-tout des gens de goût. Je croyais autrefois, en lisant nos bons auteurs, que toute la nation avait de l'esprit, car, disais-je, tout le monde les lit ; donc toute la nation est formée par eux. J'ai été bien attrappé, quand j'ai vu que la terre est couverte de gens qui ne méritent pas qu'on leur parle.

C'est un grand malheur pour moi

de parler de loin à Votre Éminence. Ma consolation est de vous consulter. Je vous conjure de juger sévèrement l'ouvrage que vous permettez que je vous envoie. Je voudrais bien faire de cette pièce quelque chose de bon. Je suis déjà sûr qu'elle forme un très-beau spectacle. Je l'ai fait exécuter trois fois sur mon théâtre à Ferney ; en vérité, rien n'était plus auguste ; mais une tragédie ne doit pas plaire seulement aux yeux, je m'addresse à votre cœur et à vos oreilles, *aurium superbissimum judicium;* voyez sur-tout si vous êtes touché ; amusez-vous, je vous en supplie, à me dire mes fautes. Si la Pièce est froide, la faute est irréparable ; mais, si elle ne manque que par des détails, je vous promets d'être bien docile.

Recevez, Monseigneur, mon très-tendre respect.

LETTRE XXIII.

DU CARDINAL DE BERNIS.

A Vic-sur-Aisne, le 10 juillet.

JE n'ai lu Cassandre que depuis quelques jours, mon cher Confrère; à peine arrivé ici, j'ai appris qu'un de mes neveux, colonel aux grenadiers de France, a été tué dans la dernière affaire; c'est le seul officier de son grade qui ait péri. Ce second malheur a r'ouvert les plaies du premier. Mon courage est exercé depuis long-tems, il faut espérer que j'en aurai moins besoin à l'avenir. J'ai trouvé votre tragédie si fort changée en bien, que je ne l'ai presque pas reconnue. Le rôle de Statira est admirable et bien soutenu; il ne s'agit que de jeter une nuance de fierté dans les discours qu'elle tient à Antigone. Celui du grand prêtre est, dans son genre, tout aussi beau. Je voudrais bien que nos Archevêques parlassent avec cette dignité, cette force et cette modération. Le rôle d'Olimpie est plus noble qu'il n'était, et plus intéressant; Cassandre lui-même m'a paru plus digne de vous (*). J'ai été ému, j'ai pleuré, et mon esprit a été perpétuellement rempli d'idées nobles, de sentimens douloureux et tendres; en un mot, je crois qu'il s'en faut bien peu que ce ne soit une des plus belles de vos pièces. J'ai dicté à chaque acte quelques réflexions (**) dont vous ferez sûrement bon usage. Je

(*) Il paraît que ce rôle de Cassandre a toujours été une pierre d'achoppement pour les censeurs d'Olimpie ; et peut-être explique-t-il l'arrêt prononcé par l'indifférence du public pour cette tragédie.

(**) On trouvera à la suite de cette lettre les réflexions qu'annonce ici le cardinal de Bernis.

ne connais pas de docilité plus grande que la vôtre, ni de talent plus rare. Il y a quelques rimes faibles que vous ferez bien de laisser, s'il vous en coûtait trop pour les changer. Il faut toujours jeter quelques petits os à ronger à ses ennemis.

Me voilà revenu chez moi. Je n'y ai point bâti, mais j'ai réparé toutes les vieilleries de l'abbé de Pomponne (*). Je n'ai pas le logement d'un fermier-général; mais une assez jolie gentilhommière. Les Cardinaux de Lorraine, d'Est, et de Mazarin s'en sont bien contentés. Je suis et dois être moins difficile. Je n'ai point de bibliothèque, mais un simple cabinet de livres que je lis ou que je consulte. Je n'aime point ce qui est plus de représentation que d'usage. Je plante beaucoup d'arbres; j'ar-

(*) Qui avait possédé avant lui l'abbaye de Saint-Médard.

rose mes prairies; je soigne beaucoup mes potagers, qui sont devenus mes nourrices, depuis que je ne mange plus de viande (*). Voilà le fonds de mes occupations. J'ai quelques amis, qui viennent me voir; tous sont estimables, et plusieurs sont aimables. Vous voyez qu'il en est de plus malheureux. Ecrivez-moi de tems en tems. Une lettre de vous embellit toute la journée, et je connais le prix d'un jour. Adieu, mon cher Confrère; vivez aussi long-tems que Crébillon; je suis bien sûr que vos ouvrages dureront plus que les siens (**), quoiqu'il ait mérité une

---

(*) On lui avait conseillé d'opposer ce régime à la goutte vague, qui dès ce tems commençait à le tourmenter : et il l'a constamment observé le reste de sa vie.

(**) D'après ce que Voltaire pensait, d'après ce que du moins il disait et écrivait à tout le monde sur le talent de Crébillon, sur ses vers durs, sur ses pièces informes et barbares, il n'a pas dû être flatté de ce parallèle.

place honorable parmi nos auteurs tragiques. Ce que je vous demande de préférence à tout, c'est de m'écrire quand vous serez de bonne humeur. J'ai éprouvé que votre gaîté m'est plus salutaire que le bon régime que j'observe.

Observations du cardinal de Bernis, sur la tragédie d'Olimpie.

ACTE Ier. SCÈNE II.

Comme il est essentiel de diminuer l'horreur du meurtre de Statira, il paraît nécessaire qu'Antigone s'étende un peu davantage sur l'entreprise de Statira contre Antipatre, ensorte que le lecteur ou le spectateur comprenne aisément, et soit convaincu que Cassandre, en frappant Statira, qui s'était mise à la tête du peuple de Babylone, ne fit que sauver son père par une légitime défense. Cassandre aura toujours à se reprocher d'avoir tué une femme veuve d'Alexandre, sa souveraine, et mère d'Olimpie. Rien n'est plus adroit que d'établir ce fait par Antigone lui-même, et lorsque ce même fait sera clairement expliqué au commencement de la pièce, les esprits ne seront plus révoltés, et Cassandre plus intéressant, pourra mieux se disculper d'un crime presqu'involontaire, et que le salut d'Antipatre pouvait autoriser ou du moins excuser (*).

Ne doit point nous coûter de regrets et de larmes.

Ni de larmes paraîtrait plus exact (**).

(*) Il paraît que Voltaire a profité de cette observation en développant davantage les circonstances qui pouvaient excuser Cassandre d'avoir fait périr Statira.

(**) Voltaire a cependant laissé subsister, *de regrets et de larmes*. Il a substitué *parmi nous* à

Que jamais entre nous, la discorde introduite,
Ne nous expose en proie à ces tyrans nouveaux.

Je n'aime point la discorde *introduite entre nous; parmi nous* serait plus exact. J'aime encore moins cette expression, *ne nous expose en proie.*

Scène V.

Cassandre est-il le seul accusé de faiblesse ?

Ce vers ne rend point ce qu'Antigone veut ou doit dire (*).

Acte II. Scène II.

Statira rend Cassandre trop odieux en disant au grand Prêtre, que Cassandre, après l'avoir percée de coups, *la traîne sur le tombeau*

---

entre nous; mais il n'a pas corrigé l'expression qui déplaisait sur-tout au cardinal de Bernis, *ne nous expose en proie.*

(*) Ce vers a été remplacé par celui-ci :
Cassandre est-il le seul en proie à la fiablesse ?

d'Alexandre.

d'Alexandre (*). Cette remarque avait déjà été faite et mérite attention.

Ces vers :

> Une retraite heureuse amène au fond des cœurs
> L'oubli des ennemis et l'oubli des malheurs

seront gravés sur une colonne dans mon jardin de Vic-sur-Aisne.

Scène III.

Il vaut mieux qu'Olimpie entende le bruit du tonnerre qui ébranle le temple (**), que si elle sentait un

---

(*) Cette image révoltante a été un peu adoucie. Voltaire s'est borné à dire :

> Ayant osé percer sa veuve gémissante,
> Sur le corps d'un époux il la jeta mourante.

Mais le rôle de Cassandre n'en a pas moins conservé une teinte odieuse qui a sans doute nui au succès de cette tragédie.

(**) Voltaire s'est conformé, en partie seulement, à cette observation. Sans parler d'un tremblement de terre, Statira dit :

> ...... J'entends un horrible murmure,
> Le temple est ébranlé.

G.

véritable tremblement de terre, parce que dans ce dernier cas, il serait singulier que sa mère et elle s'en fussent seules apperçues. Il n'est point question dans toute la pièce de ce tremblement de terre, évènement rare qui n'aurait pas manqué de faire une vive impression sur les prêtres et sur les prêtresses.

On dit *trancher la vie* et *retrancher de la vie*, et non pas *retrancher la vie* (*).

Acte III. Scène Iere.

Cassandre est amoureux et ambitieux ; l'amour doit le porter à rendre justice à Olimpie, et à lui déclarer qu'elle est fille de Statira et d'Alexandre. Mais l'ambition aurait dû l'empêcher de révéler ce mystère

(*) Voltaire a substitué, *on termina la vie*, à l'expression que critique ici le cardinal de Bernis.

avant l'accomplissement de son mariage ; il paraît donc nécessaire qu'il excuse cette imprudence par quelques motifs raisonnables et relatifs à ses intérêts ; il peut faire entendre que le parti d'Antigone grossissant, il était nécessaire d'annoncer au peuple, que son sort était lié à l'héritière légitime du trône d'Alexandre ; par là, le caractère de l'amant et de l'ambitieux sera mieux soutenu et mieux rempli (*).

Scène III.

O tonnerres du *Ciel*.......

Cette fin de vers paraît trop faite pour la rime.

(*) Voltaire n'a pas cru devoir suivre ce sage conseil. Cassandre, dans cette scène, n'énonce aucun motif qui puisse justifier sa révélation prématurée ; mais, suivant l'idée exprimée plus haut par Bernis, il insiste sur les circonstances qui doivent l'excuser d'avoir tué Statira.

Je n'aime point, *que ma fureur adore* (*).

Scène V.

Il me semble que Statira jette un peu trop Olimpie à la tête d'Antigone, et que pour l'exciter à la vengeance, elle perd de ce ton de dignité et de fierté qui annoblit son rôle et le rend si intéressant ; elle peut faire espérer sa fille à un sujet d'Alexandre, mais sans jamais prendre avec lui le ton de l'égalité (**).

(*) Dans cette scène, Voltaire a conservé : *O tonnerres du Ciel !*

Mais il a substitué : *que ma tendresse adore*, à *que ma fureur adore*.

(**) Cette scène V, telle qu'elle a été imprimée, se ressent de ces observations.

On va voir dans la lettre suivante jusqu'à quel point Voltaire y a déféré.

Acte IV. Scène Iere.

On ne manquera pas de trouver extraordinaire que Cassandre et Antigone étant convenus de se battre seuls sans exposer la vie de leurs sujets, choisissent le temple d'Éphèse pour le théâtre de ce combat singulier (*).

Scène V.

Mais je meurs en t'aimant.....

Je ne sais s'il ne serait pas mieux de supprimer cette expression de tendresse, dans un moment où Statira doit être pleine d'indignation et de douleur de l'amour de sa fille pour

---

(*) Voltaire a senti cette inconvenance. Dans la pièce corrigée d'après les observations du Cardinal, les deux rivaux veulent sortir du temple pour aller se battre ; mais on voit que Voltaire a tenu à l'idée de commencer leur combat dans le temple même, parce qu'il n'a pas voulu sacrifier la belle scène, dans laquelle l'Hyérophante paraît pour les désarmer.

Cassandre. Du moins, ce mot m'a toujours réfroidi en lisant cette scène (*).

ACTE V.

En général, cet acte est écrit avec moins de force et de chaleur que les autres (**); il est vraisemblable

---

(*) En effet, Voltaire a fait disparaître cet hémistiche.

(**) Il est resté assez faiblement écrit. Le dialogue en est même un peu languissant. Mais l'attente où l'on est du parti que va prendre Olimpie, dans l'affreuse position où elle se trouve, jette sur cet acte un très-grand intérêt; et le coup de théâtre qui le termine, la pompe du spectacle, les angoisses, et bientôt après, la consternation des assistans, semblaient devoir suffire seuls pour assurer à la tragédie d'Olimpie un succès plus durable. Mais son défaut capital, celui que toutes les observations du cardinal de Bernis et des autres hommes éclairés que Voltaire avait consultés, n'ont pu faire disparaître, parce qu'il tient essentiellement au sujet, c'est que les deux rivaux sont forcenés dans leur amour pour Olimpie, forcenés dans la haine qu'ils se portent, et que cependant aucun des deux n'intéresse à son sort.

qu'à la représentation ce défaut se fait moins sentir qu'à la lecture. Mais il est bien aisé à M. de Voltaire d'y répandre quelques étincelles du feu de son génie, et quelques-uns de ces vers heureux dont cette pièce est remplie.

LETTRE XXIV.

DE VOLTAIRE.

Aux Délices, le 19 juillet.

Ce n'est pas sans raison, Monseigneur, *et non sine numine Divúm*, que l'effigie de ma maigre physionomie est au Louvre, précisément au-dessous de votre rond, et resplendissant et très-aimable visage ; c'est comme disent les docteurs, un vrai type. Cela signifie que mon ame reçoit d'en haut les rayons de la vôtre. Vous avez bien voulu m'illuminer plus d'une fois sur mon œuvre des six jours ; vous ne vous êtes point rebuté. Comptez que je sens le prix de vos bontés, comme celui de votre esprit et de votre goût. Que Votre Éminence a bien raison de dire que Statira ne parle pas à Antigone d'une manière assez imposante ! J'ai changé sur-le-champ la chose ainsi :

> La majesté peut-être, ou l'orgueil de mon trône,
> N'avait pas destiné, dans mes premiers projets,
> La fille d'Alexandre à l'un de mes sujets ;
> Mais vous la méritez en voulant la défendre.
> C'est vous qu'en expirant désignait Alexandre ;
> Il nomma le plus digne, et vous le devenez :
> Son trône est votre bien, quand vous le soutenez.
> Allez, et que des Dieux la faveur vous seconde,
> Que la vertu vous guide à l'empire du monde ;
> Combattez et régnez, etc.

Je profiterai de toutes vos remarques. Il faut tâcher de bien faire ce qu'on fait, fût-ce un bout-rimé, ou une antienne. Recevez, avec mes tendres remercîmens, les témoignages de ma juste sensibilité pour tout ce qui touche Votre Éminence. Vous essuyez donc encore des pertes particulières dans des malheurs publics, et votre courage est à toutes les épreuves : *durate et vosmet rebus servate secundis.* Je suis bien édifié de votre goût pour les potagers ; je ne savais point que vous fussiez frugivore, je vous croyais seulement *virum frugi* (*) Je vous parlais de votre belle mine rebondie, elle est heureuse et vous serez heureux. Ne serez-vous pas riche comme un puits, quand vous aurez nettoyé vos dettes? Ne serez-vous pas le plus aimable du sacré Collège? Ne vivrez-vous pas

---

(*) *Virum frugi*, homme ménager, économe. Voilà bien ce qu'on appelle un véritable jeu de mots, dont la véritable définition est de ne pouvoir se traduire dans une autre langue ; mais on sait que Voltaire se permettait sans scrupule ces petites débauches d'esprit, même dans des ouvrages plus sérieux que des lettres familières.

comme il vous plaira ? Ne ferez-vous pas le charme de la société ? On dit que vous voulez être archevêque ; à la bonne heure, mais ce n'est qu'une gêne ; un cardinal n'a pas besoin de charge d'ames, et c'est une triste charge. Je vous voudrais à Paris à la tête du bon goût et de la bonne compagnie, avec cent mille écus de rente ; mais on dit que ce n'est pas assez pour le cœur humain, et qu'il faut autre chose ; je m'en rapporte..... Je suis enfoncé dans l'histoire du tems présent. Je suis émerveillé de nos sottises. Quelles misères ! Tendre attachement, profond respect.

LETTRE XXV.

1762.

DU CARDINAL DE BERNIS.

A Vic-sur-Aisne, le 26 juillet.

Vous ferez de moi la mouche du coche ; vous voulez bien déférer à mes conseils, et vous me prouvez qu'ils sont bons, par les corrections heureuses que vous faites. Le nouveau langage de Statira met dans son rôle toute la dignité et la convenance nécessaires ; d'ailleurs les vers sont beaux, et s'imprimeront aisément dans la mémoire du lecteur et du spectateur ; en un mot, vous êtes admirable par la grandeur du talent et la facilité du génie. Mais, ce que j'aime encore mieux, vous êtes aimable, et je suis tout glorieux d'être votre confrère, et le confident de vos ouvrages. Qui est-ce qui vous a dit que je voulais être archevêque ?

Mes amis du clergé le désirent ; en général on pense que cela serait convenable ; pour moi, je n'aspire qu'à me bien porter et à vivre avec mes amis. Depuis que j'ai pris le cuisinier de Pythagore, ma santé se rétablit, et ce visage rond dont vous parlez reprend son coloris naturel. A l'égard de Paris, je ne désire d'y habiter que lorsque la conversation y sera meilleure, moins passionnée, moins politique. Vous avez vu, de notre tems, que toutes les femmes avaient leur *bel-esprit*, ensuite leur *géomètre*, puis leur *abbé Nollet;* aujourd'hui, on prétend qu'elles ont toutes leur *homme d'état,* leur *politique,* leur *agriculteur,* leur *duc de Sully*. Vous sentez combien tout cela est ennuyeux et inutile : ainsi, j'attends sans impatience que la bonne compagnie reprenne ses anciens droits ; car je me trouverais fort déplacé au milieu de tous ces petits Machiavels modernes. A l'égard de mes revenus, n'en croyez pas à l'almanach royal, lequel, dans le passage de 1758 à 1759, augmenta mes revenus de quarante mille francs. Mes dettes payées, j'aurai quatre-vingt mille livres de rente ; c'est beaucoup pour un cadet de Languedoc ; ce n'est pas trop pour un cardinal qui est obligé d'avoir un état. Voilà la vérité exacte. Au reste, je suis content et fort heureux, quand je me porte bien et que je reçois vos jolies lettres ; elles me consolent des malheurs et des platitudes. Adieu, mon cher Confrère ; vous sentez bien qu'il est impossible que je me défende de vous aimer de tout mon cœur.

LETTRE XXVI.

DE VOLTAIRE.

Aux Délices, le 21 juillet.

(En envoyant l'Histoire des Calas.)

Lisez cela, Monseigneur, je vous en conjure, et voyez s'il est possible que les Calas soient coupables. L'affaire commence à étonner et à attendrir Paris, et peut-être s'en tiendra-t-on là. Il y a d'horribles malheurs qu'on plaint un moment, et qu'on oublie ensuite. Cette aventure s'est passée dans votre province ; Votre Éminence s'y intéressera plus qu'un autre. Je peux vous répondre que tous les faits sont vrais ; leur singularité mérite d'être mise sous vos yeux.

Cette tragédie ne m'empêche pas de faire à Cassandre toutes les corrections que vous m'avez bien voulu indiquer : malheur à qui ne se corrige pas, soi et ses œuvres. En relisant une tragédie de Mariane, que j'avais faite il y a quelques quarante ans, je l'ai trouvée plate et le sujet beau ; je l'ai entièrement changée ; il faut se corriger, eût-on quatre-vingt ans. Je n'aime point les vieillards qui disent : *J'ai pris mon pli. — Eh! vieux fou, prends-en un autre; rabote tes vers, si tu en as fait, et ton humeur, si tu en as.* Combattons contre nous-mêmes, jusqu'au dernier moment; chaque victoire est douce. Que vous êtes heureux, Monseigneur ! Vous êtes encore jeune, et vous n'avez point à combattre.

Natales grate numeras, ignoscis amicis.
E per fine baccio il lembo della sua sacra porpora.

LETTRE XXVII.

DU CARDINAL DE BERNIS.

A Vic-sur-Aisne, le 7 août.

J'AI lu, mon cher Confrère, la lamentable histoire des Calas, dont j'avais beaucoup entendu parler dans ma province. Il y a du louche des deux côtés; le jugement est incompréhensible, mais le fait ne paraît pas éclairci. J'en vois assez pour être fort mécontent et même fort scandalisé. Est-il possible que l'honneur et la vie soient si fort exposés aux passions, aux caprices, et à l'ignorance des hommes! Je voudrais que le dénouement des affaires des hommes ne fût jamais précipité; le tems seul peut découvrir de certaines vérités; il faut savoir l'attendre. J'espère que je reverrai Cassandre au sortir de sa toilette.

toilette. Je prends à cette pièce un intérêt plus fort que celui de l'amitié que j'ai pour vous. Je suis bien aise que vous ayez retouché Marianne. Ne m'ôtez pas le rôle de confident que vous m'avez donné dans vos tragédies : soit justice, soit amour-propre, de tout ce qui se fait aujourd'hui, je ne puis lire que vos ouvrages. Avez-vous vu l'éloge de Crébillon ? Son panégyriste n'est pas fade, il le censure avec justice, mais il le loue un peu trop sobrement. Notre Confrère, l'archevêque de Lyon, a passé ici quelques jours, nous avons parlé de vous ; c'est un des évêques les plus éclairés et les plus aimables. Ma santé va fort bien, et ma philosophie, selon le systéme de l'abbé de Chaulieu s'en ressent (*).

(*) Allusion à l'Épître que fit Chaulieu, sur sa première attaque de goutte, et qui se termine ainsi :
Bonne ou mauvaise santé
Fait notre philosophie.

1762.

Il faut toute la force d'une raison supérieure pour voir en beau ou en gai les choses de ce monde, quand on se porte mal. Adieu, mon cher Confrère, je vous aime presqu'autant que vous êtes aimable.

LETTRE XXVIII.
DE VOLTAIRE.

Aux Délices, le 3 septembre.

JE suis affligé en mon étui, Monseigneur, mes sens me quittent l'un après l'autre en dépit de Tronchin. La nature est plus forte que lui dans une machine frêle, qu'elle mine de tous les côtés. Une fluxion diabolique m'a privé de l'ouïe et presque de la vue. La famille d'Alexandre s'en est mal trouvée (*). Je l'ai abandonnée

(*) Il était encore occupé de sa tragédie d'Olimpie, fille d'Alexandre et de Statira.

jusqu'à ce que je souffre moins, mais je n'ai pas abandonné la famille des Calas, qui est aussi malheureuse que celle d'Alexandre. Je prends la liberté d'envoyer à Votre Éminence un petit mémoire assez curieux sur cette cruelle affaire ; la première partie pourra vous amuser, la seconde pourra vous attendrir et vous indigner. Le conseil enfin est saisi des pièces, et on va revoir le jugement de Toulouse. Vous me demanderez pourquoi je me suis chargé de ce procès ; c'est parce que personne ne s'en chargeait, et qu'il m'a paru que les hommes étaient trop indifférens sur les malheurs d'autrui. Si Pierre III n'avait pas été un ivrogne, son aventure serait un beau sujet de tragédie. Deux rivales, une femme prête d'être répudiée, une révolution subite, l'étoffe ne manque pas. L'amour encore a fait assassiner le roi de Portugal (*); et puis, qu'on aille dire que nous avons tort de mettre de l'amour dans nos pièces !

En voilà trop pour un sourd, presqu'aveugle. Nous répétons Cassandre. Mademoiselle Corneille ne jouera pas mal Olimpie ; mais elle jouera mieux Chimène, comme de raison.

Je vous réitère mes très-tendres respects. *V.*

(*) On sait que l'intrigue amoureuse du roi de Portugal, Joseph, avec une jeune personne de la famille de Tavora, fut, pour les conjurés, parmi lesquels cette famille jouait le rôle principal, un des prétextes de la conspiration qui éclata contre lui en 1756. Mais l'ambition désordonnée des Tavora et la haine qu'inspirait le marquis de Pombal, en furent les véritables causes.

LETTRE XXIX.

DE VOLTAIRE.

1762.

A Ferney, le 7 octobre.

Vous n'avez peut-être pas été content, Monsieur, des derniers Mémoires que j'ai envoyés à Votre Éminence sur les Calas. Vous avez pu croire que toutes ces brochures étaient des pièces inutiles. Cependant, j'ai tant fait que l'affaire est au Conseil d'État. Nous avons une consultation de quinze avocats. C'est un grand préjugé en faveur de la cause. La voix impartiale de quinze avocats doit diriger celle des juges.

Je ne vous ai point envoyé Olimpie parce que je l'ai fait jouer, et que, l'ayant vue, je n'ai point du tout été content. J'ai trouvé que Statira s'évanouissait mal-à-propos. J'ai senti que l'amour d'Olimpie n'était pas

1762.

assez développé, et que les passions doivent être un peu plus babillardes pour toucher le cœur. Je refais donc les trois derniers actes ; car je veux mériter votre suffrage, et je persiste à croire qu'il faut se corriger, jusqu'à ce que la mort nous empêche de mieux faire. Nous avons eu dans mon trou une demi douzaine de Pairs, soit anglais, soit français. C'est la monnaie d'un Cardinal; mais je ne me console point que vous n'ayez pas eu quelque bonne maladie en Jésus-Christ, qui vous ait mené consulter Tronchin. C'est un malheur pour moi que votre bonne santé ; mais je pardonne à Votre Éminence.

Permettra-t-elle que je mette dans cette enveloppe un petit paquet pour notre secrétaire-perpétuel ; car je soupçonne qu'ayant été auprès de vous, il y est encore. Assurément, j'en aurais usé ainsi. Agréez toujours le tendre respect du vieillard des Alpes, qui n'est pas le vieux de la montagne.

LETTRE XXX.

DU CARDINAL DE BERNIS.

A Vic-sur-Aisne, le 17 octobre.

J'AI eu tort, mon cher Confrère, de ne pas vous dire que le dernier Mémoire des *Calas* m'a fait mal à force de me faire impression. Je vous loue beaucoup d'avoir tendu la main à une famille malheureuse. L'oppression de l'innocence est le plus grand des crimes ; il devrait donc être le plus rare. Je savais que vous aviez chez vous l'assemblée des Pairs ; ce n'était pas pour juger les hospitalières, ou telle autre cause de cette importance, mais pour savoir si la famille de Darius ou d'Alexandre et leurs successeurs parlent et agissent comme ils doivent. Je vous avoue que j'aurais été fort aise d'assister à ce jugement, et d'applaudir de ma loge grillée à une Tragédie pour laquelle je me sens des entrailles de nourrice. Vous faites bien de la corriger et de vous corriger sans fin et sans cesse. La modestie est l'attribut distinctif des grands génies, comme la vanité est l'enseigne des petits esprits. Vous êtes le premier homme de l'Europe par les talens, et le seul aujourd'hui parmi les Français, qui ayez la représentation d'un grand seigneur. Je loue fort cet emploi de votre tems et de votre argent. Je ne vous défends que cet excès de travail, auquel j'ai vu que vous vous abandonniez autrefois. L'esprit est le même, mais le corps n'a plus les mêmes ressources ; il ne manque à votre réputation que celle de la santé. Je veux absolument que vous viviez autant que Fontenelle, puisque vos ouvrages vivront plus long-tems que les siens. Pour moi, qui n'ai de droit à une longue vie, que la couleur de mon chapeau, je vous promets que je n'oublierai rien pour devenir doyen du sacré Collège, et si ma santé se dérangeait à un certain point, j'irai chercher chez vous le remède. Je doute que l'art de guérir soit aussi sûr que l'art de plaire. Adieu, mon cher Confrère, aimez-moi toujours un peu.

J'ai fait passer votre paquet à notre secrétaire-perpétuel *(M. Duclos)*.

LETTRE XXXI.

DU CARDINAL DE BERNIS.

Au Château du Plessis, par Senlis, le 17 février.

A quel jeu vous ai-je perdu, mon cher Confrère ? Depuis votre lettre où vous me parlez de la visite de M. de Richelieu, et de la refonte de Cassandre, je n'ai plus entendu parler de vous que par le bruit des histoires générales et particulières que vous préparez, et des jolies lettres que vous écrivez à M. d'Alembert. Pourquoi suis-je tombé dans votre disgrace ? Vos lettres ne me sontelles pas parvenues, ou n'avez-vous pas reçu mes réponses ? J'ai été fort exact. Je ne saurais penser que vous m'ayez totalement quitté ; si ce n'est qu'une infidélité passagère, je sens que je vous aime assez pour vous la pardonner. Dites-moi donc ce que c'est, et ne me laissez pas croire que je suis un sot de vous aimer, et vous un ingrat de ne pas répondre à tous les sentimens qui m'attachent à vous pour la vie.

LETTRE XXXII.

DE VOLTAIRE.

Au Château de Ferney, le 25 février.

Une des raisons, Monseigneur, qui font que je n'ai eu depuis long-tems l'honneur d'écrire à Votre Éminence n'est pas que je sois fier ou négligent avec les Cardinaux et les plus beaux esprits de l'Europe ; mais le fait est que je deviens aveugle, au milieu de quarante lieues de neige, pays admirable pendant l'été, et séjour des trembleurs d'Isis pendant l'hiver. On dit que la même chose arrive aux lièvres des montagnes. Je me suis mêlé ces jours-ci des affaires d'un autre aveugle, petit garçon fort aimable, inconnu sans doute aux Princes de l'Église Romaine, mais avec lequel on ne laisse pas de jouer avant qu'on soit Prince ; j'ai marié mademoiselle Corneille à un jeune gentilhomme, dont les terres touchent les miennes. Il se nomme Dupuits, il est officier de dragons, estimé et aimé dans son corps, très-attaché au service, et voulant absolument faire de petits militaires qui se feront tuer par des Anglais ou des Allemands. Je regarde comme un devoir de vous donner part de ce mariage, comme à un des protecteurs du nom de Corneille, et au meilleur connaisseur de ses beautés et de ses fatras. Je cherchais un descendant de Racine pour ressusciter le théâtre ; mais n'en ayant point trouvé, j'ai pris un officier de dragons. J'écris à l'Académie Française, à laquelle je dédie l'édition qui fera une partie de la dot, et je demande que ceux qui assisteront à la séance, à la réception de ma lettre, me permettent de signer pour eux au contrat.

Je commence par demander la même grâce à Votre Éminence. L'ombre de Pierre vous en sera très-obligée, et moi, autre ombre, je regarderai cette permission comme une très-grande faveur. Nous n'avons point clos le contrat, et nous vous laissons, comme de raison, la première place parmi les signataires, si vous daignez l'accepter.

Je suppose que vous vous faites apporter les nouveaux ouvrages qui en valent la peine, et que vous avez vu les *factums* pour les Calas. L'affaire a été rapportée au Conseil avec beaucoup d'équité, c'est-à-dire, de la manière la plus favorable ; nous espérons justice : une grande partie de l'Europe la demande avec nous. Cette affaire pourra faire rentrer bien des gens en eux-mêmes, inspirer quelqu'indulgence, et apprendre à ne pas rouer son prochain, uniquement parce qu'il est d'une autre religion que nous.

Voulez-vous, Monseigneur, vous amuser avec l'*Heraclius de Calderon*, et *la Conspiration contre César, de Shakespeare*? J'ai traduit ces deux pièces, et elles sont imprimées, l'une après Cinna, l'autre après l'Héraclius de Corneille, comme objet de comparaison. Cela rendra cette édition assez piquante. J'aurai l'honneur de vous adresser ces deux morceaux, si vous me le commandez. Je n'ai pas encore reçu le discours de notre nouveau confrère, l'abbé de Voisenon, on en dit beaucoup de bien.

Agréez, Monseigneur, les tendres respects du vieil aveugle de soixante-dix ans; car il est né en 1693. Il est bien faible, mais il est fort gai; il prend toutes les choses de ce monde pour des bouteilles de savon, et franchement elles ne sont que cela.

LETTRE XXXIII.

DU CARDINAL DE BERNIS.

Au Plessis, près Senlis, ce 10 mars.

JE vous sais très-bon gré, mon cher Confrère, de me communiquer le mariage de mademoiselle Corneille; tous les amateurs des Lettres y doivent prendre part. Puisque vous, successeur de Corneille, qui avez su l'imiter et le corriger, n'épousez pas sa petite nièce, je trouve que vous avez bien fait de lui choisir pour mari un capitaine de dragons; il doit

1763.

naître d'eux des militaires plus nerveux et plus mâles que la plupart de ceux qui ont figuré dans cette guerre. Je consens très-volontiers que mon nom soit inscrit au bas du contrat. Je n'en connais aucun dans l'Europe qui ne soit honoré d'être à côté du vôtre. Si vous n'aviez fait que de belles tragédies, et le seul poëme héroïque qu'on lise avec plaisir dans notre langue; si vous n'étiez qu'un historien élégant et philosophe; qu'un homme du monde facile dans son style, piquant et agréable dans ses plaisanteries, vous ne laisseriez pas que d'être le premier homme de lettres de votre siècle ; mais outre les talens de l'esprit et les ressources du génie, vous avez de l'humanité dans le cœur, vous faites du bien aux malheureux, vous dotez la petite nièce du grand Pierre, après l'avoir élevée. Voilà ce qui vous met au-dessus

dessus des autres hommes. La bienfaisance est la première des vertus. Je vois assez la plupart des choses de ce monde avec la même lunette que vous, mais il faut convenir que parmi les *bouteilles de savon* dont vous parlez, il n'en est point de plus brillantes, de plus durables, ni de plus utiles que les bienfaits répandus. Puisque vous êtes arrivé à soixante-dix ans avec la machine frêle que je vous ai connue, et les travaux sans nombre auxquels vous l'avez assujétie, je vous promets une vie aussi longue que celle de la maréchale de Villars, qui s'est défendue dans son lit comme le maréchal à Malplaquet. Tant que vous serez gai, vous vous porterez bien. Ménagez vos yeux, dictez et n'écrivez jamais. Quoique je sois assez sévère sur ce qui regarde le prochain, je vous permets pourtant des plaisanteries sur l'orgueil sans mérite et les vanités déplacées en tout genre : vous en digérerez mieux, et ferez mieux digérer les autres.

L'affaire des Calas, après avoir intéressé le public, commence à intéresser les juges. Le Conseil a demandé au Parlement de Toulouse les pièces du procès.

Envoyez-moi vos traductions de Shakespeare et de Calderon. J'ai été fort aise de la réception de l'abbé de Voisenon à notre Académie. Il a de la grâce dans l'esprit, et une gaîté très-utile pour les réformateurs éternels d'un dictionnaire. Nous allons avoir un nouveau Confrère ; mais, grand Dieu! quand est-ce donc qu'on dispensera les nouveaux Académiciens de remplir dans leur discours de réception, un vieux bout-rimé qui désole celui qui le fait, et ennuie celui qui le lit ? Adieu, mon cher

Confrère, aimez-moi toujours, et dites à mademoiselle Corneille que c'est sa faute d'être si jeune; il y a vingt ans j'aurais fait son épithalame.

LETTRE XXXIV.

DE VOLTAIRE.

Aux Délices, le 7 mars.

Votre Éminence, Monseigneur, doit avoir reçu une lettre du pauvre Tirésie, adressée à Vic-sur-Aisne, pendant qu'elle daignait me faire des reproches de mon silence. Vous êtes englobé dans l'Académie Française, qui a daigné signer en corps au mariage de notre Marie Corneille.

Il faut, pour vous amuser, que M. Duclos vous envoie l'Héraclius espagnol, dont on dit que Corneille a tiré le sien ; vous rirez, et il est bon de rire.

Votre Éminence a la bonté de me parler d'Olimpie ; j'aurai l'honneur de la lui envoyer dans quelque tems ; elle en aura perdu la mémoire, et ne jugera que mieux de l'effet qu'elle peut faire.

L'affaire des Calas, ma fluxion sur les yeux, le mariage de madame Dupuits, une grosse maladie de ma nièce, m'ont un peu dérouté des amusemens tragiques, mais rien ne me détachera de Votre Éminence, à qui j'ai voué le plus profond et le plus tendre respect.

LETTRE XXXV.

1763.

DE VOLTAIRE.

Aux Délices, le 31 mars.

Je ne sais, Monseigneur, si notre secrétaire-perpétuel a envoyé à Votre Éminence l'Héraclius de Calderon, que je lui ai remis pour divertir l'Académie. Vous verrez quel est l'original, de Calderon ou de Corneille ; cette lecture peut amuser infiniment un homme de goût tel que vous ; et c'est une chose à mon gré assez plaisante, de voir jusqu'à quel point la plus grave de toutes les nations méprise le sens commun.

Voici, en attendant, la traduction très-fidèle de la Conspiration contre César par Cassius et Brutus, qu'on joue tous les jours à Londres, et qu'on préfère infiniment au Cinna de Corneille. Je vous supplie de me dire comment un peuple qui a tant de philosophes, peut avoir si peu de goût? Vous me répondrez peut-être, que c'est parce qu'ils sont philosophes; mais quoi, la philosophie mènerait-elle tout droit à l'absurdité! Et le goût cultivé n'est-il pas même une vraie partie de la philosophie?

Oserai-je, Monseigneur, vous demander à quoi vous placez la vôtre à présent? Le Plessis, dont vous avez daté vos dernières lettres, est-il un château qui vous appartienne, et que vous embellissez!

On attrape bien vîte le bout de la journée, avec des ouvriers, des livres et quelques amis, et c'est bien assurément tout ce qu'il faut, que d'attraper ce bout gaîment; le *sufficit diei malitia sua*, a bien quelque vérité. Mais pourquoi ne pas dire aussi, *sufficit diei lætitia sua*.

Je suis toujours un peu quinze-vingt, mais j'ai pris la chose en patience. On dit que ce sont les neiges des Alpes qui m'ont rendu ce mauvais service, et qu'avec les beaux jours j'aurai la visière plus nette. Je vous félicite toujours, Monseigneur, d'avoir vos cinq sens en bon état; *porrò unum necessarium*, c'est apparemment *sanitas*. Je ne sais pas de quoi je m'avise de citer tant la Sainte Écriture devant un Prince de l'Église; cela sent bien son huguenot; je ne le suis pourtant pas, quoique je me trouve à présent sur le vaste territoire de Genève. M. le duc de Villars y est comme moi, pour sa santé; il a été fort mal; Dieu et Tronchin l'ont guéri pour le consoler de la mort de madame la Maréchale, sa mère.

Notre canton va s'embellir; le duc de Chablais établira sa cour près de notre lac, vis-à-vis mes fenêtres ; c'est une cour que je ne verrai guères, j'ai renoncé à tous les Princes ; je n'en dis pas autant des cardinaux. Il y en a un à qui j'aurais voulu rendre mes hommages avant de prendre congé de ce monde. Je lui serai toujours attaché avec le plus tendre et le plus profond respect.

LETTRE XXXVI.

DU CARDINAL DE BERNIS.

Au Plessis, le 24 avril.

Notre secrétaire m'a envoyé l'Héraclius de Calderon, mon cher Confrère, et je viens de lire le Jules-César de Shakespeare ; ces deux pièces m'ont fait grand plaisir, comme servant à l'histoire de l'esprit humain, et du goût particulier des Nations.

Il faut pourtant convenir que ces tragédies, toutes extravagantes ou grossières qu'elles sont, n'ennuient point, et je vous dirai, à ma honte, que ces vieilles rapsodies, où il y a de tems en tems des traits de génie et des sentimens fort naturels, me sont moins odieuses que les froides élégies de nos tragiques médiocres. Voyez les tableaux de Paul Véronèse, de Rubens, et de tant d'autres peintres flamands ou italiens, ils péchent souvent contre le costume, ils blessent les convenances et offensent le goût, mais la force de leur pinceau et la vérité de leur coloris font excuser ces défauts. Il en est à peu-près de même des ouvrages dramatiques ; au reste, je ne suis point étonné que le peuple anglais, qui ressemble à certains égards au peuple romain, ou qui du moins est flatté de lui ressembler, soit enchanté d'entendre les grands personnages de Rome s'exprimer comme la bourgeoisie, et quelquefois comme la populace de Londres. Vous paraissez étonné que la philosophie, éclairant l'esprit et rectifiant les idées, influe si peu sur le goût d'une Nation ! Vous avez bien raison ; mais cependant vous aurez observé que les mœurs ont encore plus d'empire sur le goût que les sciences ; il me semble qu'en fait d'art et de littérature, les progrès du goût dépendent plus de l'esprit de société que de l'esprit philosophique. La nation anglaise est politique et marchande ; par là même elle est moins frivole, mais moins polie que la nôtre. Les Anglais parlent de leurs affaires, notre unique occupation à nous, est de parler de nos amusemens ; il n'est donc pas singulier que nous soyons plus difficiles et plus délicats que les

Anglais sur le choix de nos plaisirs, et sur les moyens de nous en procurer. Au reste, qu'étions-nous avant le siècle de Corneille? Il nous sied bien à tous égards, d'être modestes; vous seul en France auriez la permission de ne pas l'être, si vous vouliez; mais votre esprit est trop étendu pour ne pas appercevoir les bornes de l'esprit humain, ainsi vous êtes indulgent avec plus de droit que personne pour être sévère.

J'espère que la fonte des neiges vous rendra la vue, et que vous perdrez bientôt ce côté de ressemblance avec le bon Homère. Pour moi, qui n'ai pas l'honneur de ressembler aux grands hommes, je suis fort content de ma santé, de ma gaîté et de mon courage. Le château du Plessis, dont vous me demandez des nouvelles, appartient à un de mes parens qui me le prête six mois de l'année ; il est à dix lieues de Paris, dans une situation riante, à côté de la forêt d'Hallate, que votre *Pierre le grand, de Russie*, appelait le jardin de la France. J'y vois mes véritables amis ; j'y ai des livres, et toutes sortes d'amusemens champêtres ; en voilà assez pour une *manière de sage* qui rit sans éclat des folies du genre humain, qui est assez jeune pour voir encore bien des changemens dans la lanterne magique de ce monde, et qui a pris la ferme résolution de vivre cent ans, sans se mêler d'autre chose que de ses affaires.

Quand vous voudrez me renvoyer Olimpie, au sortir de sa toilette, elle sera bien reçue. Je retourne dans quinze jours à Vic-sur-Aisne, pour y passer tout l'été ; ainsi adressez, à cette époque, vos lettres à Soissons. Adieu, mon cher Confrère, personne ne sent plus vivement que moi les charmes de votre amitié.

LETTRE XXXVII.

DE VOLTAIRE.

Aux Délices, ce 14 mai.

Votre Éminence m'a écrit une lettre instructive et charmante. Je pense comme elle; l'extravagant vaut mieux que le plat; ajoutons encore, je vous en prie, que des discours entortillés de politique sont encore pires que la fadeur. Je pousse le blasphême si loin, que si j'étais condamné à relire ou l'Héraclius de Corneille ou celui de Calderon, je donnerais la préférence à l'espagnol.

J'aime mieux Bergerac et sa burlesque audace,
Que ces vers où Motin se morfond et nous glace.

Daignez-donc me rendre raison de la réputation de notre Héraclius.

Y a-t-il quelque vraie beauté, hors ces vers,

> O malheureux Phocas, ô trop heureux Maurice,
> Tu recouvres deux fils pour mourir après toi,
> Je n'en puis trouver un pour reguer après moi !

et encore, ces vers ne sont-ils pas pris de l'espagnol ? (*)

Cette Léontine qui se vante de tout faire, et qui ne fait rien, qui n'a que des billets à montrer, qui parle toujours à l'Empereur comme

---

(*) Voltaire est ici beaucoup moins indulgent pour la tragédie d'Héraclius, qu'il ne l'a été dans ses Commentaires sur Corneille. Quoiqu'il en critique souvent le plan, les locutions vicieuses, l'intrigue pénible et embarrassée, du moins il y admire d'autres vers que ces trois qu'il rappelle dans cette lettre, vers dont l'idée est à la vérité empruntée de Calderon, mais que Corneille a exprimé d'une manière bien plus noble que ne l'a fait le poëte espagnol. Par cet épanchement de confiance, que Voltaire ne supposait pas devoir acquérir quelque jour de la publicité, on voit que s'il n'eût craint de trop justifier le reproche qu'on lui a fait, il eût traité Corneille bien plus sévèrement encore.

au dernier des hommes dans sa propre maison, est-elle bien dans la nature? Et ce Phocas, qui se laisse gourmander par tout le monde, est-il un beau personnage? Vous voyez bien que je ne suis pas un commentateur idolâtre, comme ils le sont tous. Il faut tâcher seulement de ne pas donner dans l'excès opposé. Je tremble de vous envoyer Olimpie, après avoir osé vous dire du mal d'Héraclius. Si Votre Éminence n'a pas encore reçue *Olimpie* imprimée elle la recevra bientôt d'Allemagne. C'est toujours une heure d'amusement, de lire une pièce bonne ou mauvaise, comme c'est un amusement de six mois de la composer, et qu'il ne s'agit guères dans cette vie que de passer son tems.

Votre Éminence passera toujours le sien d'une manière supérieure; car avec tant de goût, tant de talent, tant d'esprit, il faut bien qu'un Cardinal vive plus agréablement qu'un autre homme. Je conçois bien que le doyen du sacré Collège, avec la gravelle et de l'ennui, ne vaut pas un jeune Cordelier; mais vous m'avouerez qu'un Cardinal de votre âge et de votre sorte, qui n'a devant lui qu'un avenir heureux, peut jouir, comme vous faites, d'un présent auquel il ne manque que des illusions. Vous êtes bon physicien, Monseigneur, vous m'avez dit que je perdrais ma qualité de quinze-vingt avec les neiges. Il est vrai que la robe verte de la nature m'a rendu la vue; mais que devenir quand les neiges reviendront? Je suis voué aux Alpes; le mari de mademoiselle Corneille y est établi; j'ai bâti chez les Allobroges, il faut mourir Allobroge. Il nous vient toujours du monde des Gaules; mais des passans ne font pas

pas société ; heureux ceux qui jouissent de la vôtre, s'ils en sont dignes ! Je ne jouirai pas d'un tel bonheur ; et je m'en irai dans l'autre monde, sans avoir fait que vous entrevoir dans celui-ci. Voilà ce qui me fâche, je mets à la place le souvenir le plus respectueux et le plus tendre, mais cela ne fait pas mon compte. Consolez-moi, en me couservant vos bontés. Relisez l'Héraclius de Corneille, je vous en prie.

LETTRE XXXVIII.

DU CARDINAL DE BERNIS.

A Vic-sur-Aisne, le 5 juillet.

Je vous demande pardon, mon cher Confrère, d'un si long silence. J'ai fait de petits voyages ; mais comme on ne gagne jamais rien de bon à voyager, je suis revenu ici avec un gros rhume, un peu de fièvre, et un peu de goutte. Je n'ai point voulu vous écrire quand j'étais de mauvaise humeur.

Olimpie m'est venue d'Allemagne. Je vous remercie et vous fais hommage des larmes qu'elle m'a fait verser. Cassandre est toujours le personnage qui m'intéresse le moins ; mais *Statira*, mais *Olimpie*, mais le grand *Prêtre*, sont d'une grande beauté. Il me semble que les gens de goût ont fort accueilli cette Tragédie. Il faut laisser dire que c'est un opéra récité ; c'est un mérite de plus d'avoir choisi une action vraiment tragique, qui se lie nécessairement avec la pompe du spectacle. On m'écrit que le second volume de l'histoire de Pierre le Grand paraît, et que vous avez donné une nouvelle édition de votre Histoire universelle, dans laquelle notre dernière guerre est comprise. J'ai mandé qu'on m'envoie tout cela. Outre l'empressement que j'ai pour tout ce qui vient de vous, je suis fort curieux de savoir comment vous avez traité la guerre d'Allemagne. Peu de vos lecteurs seront plus dignes que moi d'apprécier cette partie de votre Histoire générale.

Votre dernière lettre m'annonce une résolution qui m'afflige. Vous voulez vivre et mourir chez les Allobroges. Je m'étais flatté de vous revoir dans mon voisinage. J'espère au moins que l'air pur des Alpes vous fera vivre autant que Sophocle. On vous appellera un jour *le Vieux de la Montagne*, bien différent de celui qui faisait trembler tous les Rois d'Asie. Votre empire sera plus doux; vous éclairerez votre siècle, et vous ne ferez peur qu'aux vices et aux ridicules. Pour moi, à qui on a donné pour pénitence de jouir tranquillement d'une grande dignité, et d'un revenu honnête, je cultiverai mon jardin ; je lirai pour la centième fois vos ouvrages ; je comparerai les tems, les actions des hommes, les contrastes de la vie ; j'allongerai la mienne par la frugalité du corps et par la tranquillité de l'âme, je l'animerai par l'amitié, je la diversifierai par des études variées et toujours volontaires : voilà mon plan, où vous voyez que vous tenez la place honorable.

Adieu, mon cher Confrère, soyez toujours gai et faites-moi part de votre gaîté.

LETTRE XXXIX. 1763.

DE VOLTAIRE.

A Ferney, le 29 juillet.

Je me suis imaginé, Monseigneur, qu'à la longue je pourrais bien vous ennuyer en vous parlant de la douceur de vivre à la campagne, et de cultiver en paix la philosophie et son jardin. J'ai voulu animer un peu le commerce littéraire dont Votre Éminence veut bien m'honorer. Je ne me suis pas borné à faire mes foins; j'ai fait une Tragédie. Celle-ci n'a pas été faite en six jours; il faut avouer que j'y en ai mis douze. Je ne puis travailler que rapidement quand une fois je suis échauffé. Vous sentez bien qu'il vaut autant esquisser son sujet en vers qu'en prose, cela est moins ennuyeux pour les personnes qu'on prend la liberté de consulter, et on corrige ensuite les mauvais vers qu'on a faits, et les bons qu'on a fait mal-à-propos. Daignez donc agréer l'ouvrage que je soumets à vos lumières, et que je confie à vos très-discrettes bontés ; car la chose est un secret. Je n'ai rien à vous dire sur le sujet : vous connaissez les masques, vous savez que Fulvie avait eu du goût pour Octave du tems de son mariage avec Antoine, et que c'était une femme assez vindicative. Je sais bien que peu de belles dames pleureront à cette Tragédie ; elle est plus faite pour ceux qui lisent l'Histoire Romaine, que pour les lecteurs d'Élégies. On ne peut pas toujours être tendre ; le genre dramatique a plus d'une ressource. J'étais apparemment dans mon humeur noire quand j'ai fait cette besogne.

Je ne vous demande point pardon d'avoir aggrandi la petite île du

Reno (*), où les triumvirs s'assemblèrent : je crois qu'il n'y avait place que pour trois sièges ; mais vous savez que nous autres poëtes nous aggrandissons et rappetissons tout selon le besoin. Enfin, je souhaite que cette débauche d'esprit vous amuse une heure ; si vous avez la bonté d'en consacrer une autre à me dire mes fautes, je vous serai plus obligé que d'ordinaire les auteurs ne le sont en pareil cas. J'aimerais bien mieux entendre vos sages réflexions, que les lire. Je ne vous dis pas combien je regrette de ne pouvoir vous faire ma cour, et présenter mon respect à celui que j'ai vu le plus aimable des hommes.

(*) Voltaire, dans sa première note sur le Triumvirat, s'excuse aussi d'avoir donné à la petite île de la rivière de Reno, près Bologne, plus d'étendue qu'elle n'en avait effectivement. Voyez le tome V de ses Œuvres complettes, page 171.

LETTRE XL.
DE VOLTAIRE.

Au Château de Ferney, ce 29 août.

MONSEIGNEUR, ou Votre Éminence n'a pas reçu le paquet que je lui envoyai, il y a plus d'un mois, ou elle est malade, ou elle ne m'aime plus ; et ces alternatives sont fort tristes. C'est quelque chose qu'un gros paquet de vers ou perdu ou méprisé. Renvoyez-moi mes vers, je vous en conjure, et rendez-les meilleurs par vos critiques. Il n'appartient qu'à vous de juger de la poësie. Je viens de lire et de relire vos quatre saisons, très-mal imprimées : heureux qui peut passer auprès de vous les quatre saisons dont vous faites une si belle peinture ! Je n'ai jamais vu tant de poësie (*). Il n'y a que nous autres poëtes à qui la nature accorde de bien sentir le charme inexprimable de ces descriptions, et de ces sentimens qui leur donnent la vie. C'était Babet qui remplissait son beau panier de cette profusion de fleurs, que le cardinal ne s'avise pas de dédaigner. J'aime bien autant votre panier et votre tablier que votre chapeau. Cette lecture m'a consolé des romans de finance qu'on imprime tous les jours, et des *Remontrances*. Je suis fâché que cette édition soit si incorrecte. Il y a des vers oubliés, et beaucoup d'estropiés.

(*) Il exprime un peu plus clairement ce qu'il pensait de cette brillante production, dans une lettre qu'il écrivait à la même époque, à madame d'Argental. » J'ai lu les quatre Saisons du cardinal de » Bernis ; c'est une terrible profusion de fleurs. » J'aurais voulu que les bouquets eussent été arran- » gés avec plus de soin ».

Oh ! si vous vouliez donner la dernière main à ce charmant ouvrage ! Pourquoi non ? On ne peut pas dire toujours son bréviaire. Quand vous seriez archevêque, quand vous seriez pape, je vous conjurerais de ne pas négliger un talent si rare ; mais vous ne m'avez rien répondu sur la tragédie de mes roués (*). Est-ce que les Grâces rebutent le pinceau du Caravage ? Cela pourrait bien être ; mais ne rebutez pas le tendre respect du Vieux de la Montagne.

(*) C'est ainsi qu'il appelle dans quelques autres lettres du même tems les héros de sa tragédie du Triumvirat.

LETTRE XLI.

DU CARDINAL DE BERNIS.

1763.

A Vic-sur-Aisne, le 3 septembre.

PARDON, pardon, mon cher Confrère, je vous aime toujours ; vos roués peuvent être de grands hommes, quand vous vous serez donné le tems de leur faire parler votre langue, qui est sublime. Ce n'est point par oubli, ni par indifférence que j'ai tardé à vous faire réponse. Je voulais dicter des remarques sur chaque acte ; en vérité je n'en ai pas trouvé le moment. Cependant je n'ai rien à faire, ni rien de mieux à faire que de causer avec vous, et de vous prouver que j'aime toujours les Lettres, sans cependant les cultiver. Voici ce que je pense en gros *de vos Triumvirs :* les trois premiers actes ont besoin d'être plus fortement écrits ; ce qui n'est qu'esquisse deviendra tableau. Vous êtes le premier homme du monde pour corriger heureusement vos ouvrages. C'est toujours votre faute quand vos vers n'ont pas toute la force, toute la chaleur et toutes les grâces du monde. Votre *Octave* ne développe pas assez son caractère ; il était dissimulé ; il doit l'être avec ses rivaux, avec sa cour, mais non pas avec les spectateurs : en déployant davantage la profondeur de sa politique et les replis de son caractère, vous le rendrez plus intéressant, et vous ferez en plus beaux vers, une pièce à la Corneille, sur-tout si vous adoucissez un peu la férocité d'Antoine, qui, tout sanguinaire, tout débauché qu'il était, avait de l'éloquence, du courage, des talens militaires, et des étincelles de cette grandeur romaine, qui brillèrent jusqu'au tems où Cléopâtre en fit un Égyptien. Faites en-sorte que le jeune Pompée, outre les risques qu'il aurait à courir, en allant tuer *Octave* dans sa tente, surmonte encore des obstacles dignes de son courage, et efface par l'idée de la valeur et de l'héroïsme, la honte d'un assassinat nocturne; plus vous rendrez cette action vraisemblable par la facilité de l'exécution, plus vous la rendrez odieuse. Vos deux derniers actes sont plus chauds et plus intéressans que les autres. Il me paraît que vous insistez trop sur cet orage qui éclate au commencement de la pièce, et qui n'est nécessaire que pour fonder l'arrivée de *Julie et de Pompée* (*); le mot de

---

(*) On voit dans la pièce du *Triumvirat*, telle qu'elle a été imprimée, que Voltaire a profité de quelques observations de son censeur ; mais ces corrections n'ont pas suffi pour faire du Triumvirat

suivans est trop souvent répété, et n'est pas quelquefois le mot le plus propre pour exprimer votre idée. Enfin je vous demande un peu plus d'intérêt dans les premiers actes ; la chaleur du style le fera naître, car le fond des choses y est ; ma demande n'est pas indiscrette : je sais à qui je m'adresse.

A l'égard des *Saisons de Babet*, on m'a dit qu'on les a furieusement estropiées ; car je ne les ai pas vues depuis près de vingt ans. A ma mort, quelqu'ame charitable purifiera les amusemens de ma jeunesse, qu'on a cruellement maltraités et confondus avec toutes sortes de platitudes. Pour moi, je ris de la peine qu'on s'est donnée inutilement de me faire des

---

une tragédie intéressante. C'est un morceau plutôt historique que dramatique, où les mœurs et les crimes de ces horribles triumvirs, sont retracés avec plus de fidélité que d'énergie.

niches. On a cru me perdre, en prouvant que j'avais fait des vers jusqu'à trente-deux ans : on ne m'a fait qu'honneur, et je voudrais de tout mon cœur en avoir encore le talent, comme j'en ai conservé le goût : mais je suis plus heureux de lire les vôtres, que je ne l'ai été d'en faire. Si vous voulez que je vous dise mon secret tout entier, j'y ai renoncé quand j'ai connu que je ne pouvais être supérieur dans un genre qui exclut la médiocrité. Adieu, je vous embrasse de tout mon cœur.

LETTRE XLII.

DE VOLTAIRE.

A Ferney, ce 28 septembre.

Monseigneur, dans la dernière lettre dont Votre Éminence m'honora, elle me disait qu'on vous avait fait la niche de vous accuser d'avoir fait des vers à l'âge de trente-deux ans. Votre devancier, le cardinal de Richelieu, en faisait à cinquante ans passés. La différence entre vous et lui, c'est que ses vers étaient détestables. On vous a donc reproché d'être plein d'esprit, de goût et de grâces ; assurément on ne vous a pas calomnié, et vous serez forcé de vous avouer coupable en justice réglée. Et que direz-vous du Roi de Prusse ? il fait encore des vers. Ce qui est permis à un Roi, ne l'est-il pas à un Cardinal ? *et regibus æquiparantur.*

Pour moi, chétif, qui ne suis ni Roi ni rien, je barbouille des rimes à soixante-dix ans, sans craindre autre chose que les sifflets. Je fais plus, je lime, je rabotte, je suis les conseils que vous avez bien voulu me donner. Ayez toujours la bonté de de me garder un secret de conspirateur sur le petit drame que vous avez bien voulu lire. J'admire que vous soyez toujours moine de Saint-Médard : cela peut être fort bon pour la vie éternelle ; mais il me semble que vous étiez fait pour une vie plus brillante. Vous êtes assez philosophe pour être aussi heureux à Vic-sur-Aisne qu'à Versailles ; et je suis persuadé que vous avez dit cela en vers, mais vous les gardez dans votre sacré porte-feuille. Il n'y aura donc que mes petits neveux qui verront vos charmans amusemens, tels qu'ils sont sortis de votre plume ! Et vous laissez de maudits libraires défigurer aujourd'hui ce qui fera un jour les délices de tous les honnêtes gens. On vient d'imprimer en Angleterre les lettres de madame de Montague, morte à quatre-vingt-douze ans. Il y avait cinquante ans qu'elles étaient écrites. C'est cette dame à qui nous devons l'inoculation de la petite vérole, et par conséquent le beau réquisitoire de messire Omer Joly de Fleury. On trouve dans ces lettres des vers turcs d'un gendre du Grand Seigneur pour sa femme (*). Je vous avoue que quoiqu'ils aient été faits dans la patrie d'Orphée, ils ne valent

---

(*) On les trouve dans la lettre écrite d'Andrinople, par Milady Montague, à M. Pope. C'est la trentième du recueil de celles qu'on a publiées en Angleterre, et dont Théophile Barrois a donné une nouvelle édition en 1784. L'auteur de ces vers, Ibrahim Bassa, n'était pas encore marié à la jeune princesse à laquelle il les adresse. Elle ne lui était que fiancée; il n'avait pas la liberté de la voir sans témoins, quoiqu'elle fût logée chez lui. C'est précisément cette contrainte qui échauffait la verve de ce poëte oriental, et qui explique comment un mari pouvait composer pour sa femme des vers aussi tendres. Milady Montague en donne une traduction en vers anglais qui respirent la passion, et qui, s'ils pèchent contre le goût, dont nous nous croyons les législateurs, annoncent du moins un cœur profondément ému et une imagination brillante.

pas les vôtres ; mais voilà encore de quoi fermer la bouche à vos accusateurs. Vous avez en Turquie, comme en pays chrétien, des exemples qui vous autorisent.

Je suis quelquefois fâché d'être vieux et profane. Sans ces deux qualités, je viendrais vous faire ma cour ; mais je n'ai et je n'aurai que la consolation de vous assurer, du pied des Alpes, du respect et de l'attachement du Vieux de la Montagne.

LETTRE XLIII.

DU CARDINAL DE BERNIS.

A Vic-sur-Aisne, le 7 septembre.

Vous m'accablez d'autorités, mon cher Confrère, pour me prouver qu'un Cardinal ne doit pas rougir de montrer de l'esprit et des grâces ;

mais malgré les exemples des Rois, et même du gendre du Grand Seigneur, je ne me laisserai point aller à la tentation. Je crois que l'étiquette du sacré Collège est fort contraire à la poësie française; car il me semble que le cardinal Duperron, et celui de Richelieu ont fait de fort mauvais vers. Vous savez peut-être que le cardinal de Polignac n'y a pas mieux réussi, et qu'il n'était poëte que dans la langue de Virgile. Il serait plaisant qu'il fût défendu aux Princes de l'Église de montrer du talent dans une autre langue que celle des Romains. En général, l'Église tient un rang médiocre sur le Parnasse français; quels vers que ceux de Fénelon! Ainsi je prends le parti de madame de Montague; je vivrai quatre-vingt-douze ans; et après ma mort, mes neveux seront les maîtres de faire part au public des petits talens de ma jeunesse (*). En attendant, je verrai avec une tranquillité sans égale les libraires estropier mes ouvrages : il faut que l'envie ronge toujours quelque chose ; j'aime mieux qu'elle ronge mes vers que mes os. Je ne m'ennuie point d'être moine de St. Médard, ni d'habiter le château que Berthe, *au grand pied* (**),

―――
1763.

―――

(*) Dans la nouvelle édition des œuvres de Bernis, qu'a donnée en l'an V P. Didot l'aîné, il n'y a que le poëme de la Religion vengée, qui ne fut pas connu du public. Les autres pièces de vers, non encore imprimées, que la famille du Cardinal a trouvées dans son porte-feuille, ne lui ont pas paru devoir ajouter à l'idée qu'on avait dequis long-tems de ses talens pour la poësie.

(**) Berthe au *grand-pied*, ou Bertrade, était femme de Pepin-le-Bref et mère de Charlemagne. On a prétendu qu'elle avait un pied palmé comme une oie ; et c'est pour cela qu'on l'a nommée quelquefois la *Reine Pedauque*. Elle a été représentée avec cette difformité dans des statues qu'on voit encore sur les portails de plusieurs anciennes églises, Les historiens disent qu'elle était *belle et accorte ;* qu'elle avait du crédit non-seulement sur son mari,

donna à cette abbaye. Si je vous voyais seulement deux heures, vous conviendriez que j'ai raison de me plaire où je suis ; cependant, à la fin du mois, j'irai passer l'hiver *au Plessis, près de Senlis*, pour éviter les brouillards de l'Aisne, et me promener à pied sec dans la forêt d'Hallate, où notre bon roi *Jean* avait un *château* et un *chenil*, qui sont devenus un prieuré de dix mille livres de rente à ma nomination ; voyez comme les choses changent ! Je ne parlerai point de vos Triumvirs ; souvenez-vous que vous avez écrit *Brutus*, et que ce serait votre faute si votre pinceau s'affaiblissait, car vous avez beau parler de vos soixante-dix ans, il est certain que votre esprit n'a point vieilli. J'ai sur

---

mais aussi sur son fils. Il ne faut pas la confondre avec une autre Berthe, fille de Didier, roi des Lombards, et première femme de Charlemagne.

ma table un gros volume que je ne lirai point. S'il vous parvient, je ne doute pas qu'il ne vous inspire quelque bonne plaisanterie, dont je rirai dans mon coin, et qui entretiendra la bonne santé dont je jouis. Ne perdez pas l'habitude de m'écrire de tems en tems, je conserverai toute ma vie celle de vous aimer.

LETTRE XLIV.

DE VOLTAIRE.

A Ferney, le 6 janvier.

Non-seulement j'ai craint de vous importuner, Monseigneur, mais je n'ai pu vous importuner ; mes fluxions sur les yeux ont si fort augmenté, que je suis devenu un petit Tirésie ou un petit Tobie. Le Vieux de la Montagne ne sera pas long-tems le Vieux de la Montagne, mais pour égayer la chose, je me suis mis à faire des contes et à les dicter. Il y en a un qu'on a imprimé à Paris aussi mal que les quatre Saisons. Je n'ai point osé l'envoyer à un Prince de la sainte Église Romaine. Je l'aurais autrefois présenté à Babet (*), et je l'aurais priée d'y jetter quelques-unes de ses fleurs ; mais si Votre Éminence veut s'amuser d'un conte plus honnête, je lui en enverrai un pour ses étrennes ; elle n'a qu'à dire. Je ne peux et ne dois vous parler que de Belles-Lettres ; ainsi je prendrai la liberté de vous demander si vous avez lu le discours de votre nouveau Confrère à l'Académie. Il m'a paru qu'il y avait de

____
(*) C'était l'espèce de sobriquet que les amis de l'abbé de Bernis lui donnaient dans sa jeunesse, pour faire allusion aux fleurs répandues avec profusion dans ses écrits, ils disaient gaîment qu'il avait à sa disposition la corbeille de Babet, et le nom de l'aimable bouquetière lui était resté.

bien belles choses dans l'éloge du duc de Sully, qui après avoir rendu de grands services à la France, alla vivre à la campagne, et finit sa belle vie, comme Scipion à Linternes. La campagne est un port d'où l'on voit tous les orages.

Suave mari magno turbantibus æquora ventis, etc.

On m'envoie de Paris une lettre d'un honnête Quaker, à un frère du célèbre M. de Pompignan; je ne sais si Votre Éminence l'a vue; c'est une réponse très-courte à un gros ouvrage; mais tout cela est déjà oublié; et que n'oublie-t-on pas? Toutes les pièces nouvelles sont déjà hors de la mémoire des hommes. Il n'en est pas de même de celles de Pierre Corneille; l'édition est entièrement finie; Votre Éminence aura incessamment ses exemplaires. Elle a vu par quelques échantillons, dans quel esprit j'ai travaillé. Je n'ai voulu être ni panégyriste, ni censeur : je n'ai songé qu'à être utile. C'est précisément en ne songeant qu'à cela qu'on s'attire quelquefois des reproches ; mais je suis endurci. Mon cœur ne l'est certainement pas, il est plein de l'attachement le plus respectueux pour Votre Éminence.

LETTRE XLV.

DU CARDINAL DE BERNIS.

Au Plessis près Senlis, le 16 janvier.

LE Roi m'a donné pour mes étrennes, mon cher Confrère, le premier de tous les biens, la liberté, et la permission de lui faire ma cour, qui est le plus précieux et le plus cher de tous, pour un Français comblé des bienfaits de son maître. J'ai été reçu à Versailles avec toute sorte de bonté. Le public à Paris a marqué de la joie ; les faiseurs d'horoscopes ont fait à ce sujet cent almanachs plus extravagans les uns que les autres (*) : pour moi, qui ai appris depuis long-tems à supporter la disgrace et la fortune, je me suis dérobé aux complimens vrais et faux, et j'ai regagné mon habitation d'hiver ; d'où j'irai de tems en tems rendre mes devoirs à Versailles et voir mes amis à Paris. Les plus anciens à la cour m'ont servi avec amitié ; de sorte que mon cœur est fort à son aise, et que je n'ai jamais pu espérer une position plus agréable, plus libre, et plus honorable. Vous me parlez de *Scipion* et de *Sully* ; ces noms-là

———

(*) Il paraît que Voltaire n'avait cru à aucun de ces *almanachs*. Voici ce qu'il écrivait à cette époque à son ami Damilaville. « On a beaucoup parlé à » Paris du retour du cardinal de Bernis. On l'a re- » gardé comme un grand évènement ; et c'en est » un fort petit. »

seraient un peu déparés par le mien, mais je puis sans impertinence me livrer au plaisir d'imiter leurs vertus dans la retraite. Je suis bien fâché de vos fluxions. Vous lisez trop, et sur-tout à la bougie ; souvenez-vous que vous n'êtes immortel que dans vos ouvrages. Conservez l'ornement de la France et les délices de vos amis, et de tous ceux qui ont de l'ame et du goût. Envoyez-moi vos contes *honnêtes*, et (comme il est très-raisonnable que je vous prêche un peu) je vous prie de quitter quelquefois la lyre et le luth pour toucher la harpe. C'est un genre sublime, où je suis sûr que vous serez plus élevé et plus touchant qu'aucun de vos anciens. Adieu, mon cher Confrère, quoique libre et heureux, je ne vous aime pas moins que dans mon donjon de Vic-sur-Aisne.

LETTRE XLVI.

DE VOLTAIRE.

1764.

A Ferney, le 18 janvier.

Huc quoque clara tui pervenit fama triumphi,
Languida quò fessi, vix venit aura noti.

LE philosophe de Vic-sur-Aisne est donc actuellement le philosophe de Paris sur Seine; car il sera toujours philosophe, et il connaîtra toujours le prix des choses de ce monde.

Je fais, Monseigneur, mes complimens à Votre Éminence; et c'est assurément de bon cœur. Je vous avais parlé de contes pour vous amuser; mais il n'est plus question de contes de *ma mère-l'oie.* J'avais soumis à vos lumières certain drame barbare que j'ai *débarbarisé* tant que j'ai pu, et sur lequel *motus*: il n'est plus question, vraiment, de bagatelles. Vous devez être accablé de nouveaux amis, de serviteurs zélés, qui ont tous pris la part *la plus vraie*, la *plus tendre*, qui ont eu l'attachement le *plus inaltérable*, qui *ont été pénétrés*, qui *seront pénétrés*, etc. etc. et Votre Éminence de sourire.

Si vous n'êtes pas toujours à Versailles, n'irez-vous pas quelquefois à l'Académie? tant mieux. Vous y serez le protecteur de mes remarques impartiales sur Corneille. Vous aimez les choses sublimes; mais vous n'aimez pas le galimathias, les pensées alambiquées et forcées, les raisonnemens abstrus et faux, les solécismes, les barbarismes, et certes vous faites bien.

Monseigneur, quelque chose qui arrive, aimez toujours les Lettres: j'ai soixante-dix ans, et j'éprouve que ce sont de bonnes amies; elles sont comme l'argent comptant, elles ne manquent jamais au besoin. Que Votre Éminence agrée le tendre respect du Vieux de la Montagne ; honorez-le d'un mot de souvenir, quand vous aurez expédié la foule.

P. S. Puis-je avoir l'honneur de vous envoyer un Traité sur la Tolérance, fait à l'occasion de l'affaire des Calas, qui va se juger définitivement au mois de février ? Ce n'est pas là un conte de *ma mère-l'oie* ; c'est un livre très-sérieux ; votre approbation serait d'un grand poids. Puis-je l'adresser en droiture à Votre Éminence, où voulez-vous que ce soit sous l'enveloppe de M. Jannel, ou voulez-vous que je ne vous l'envoie point *du tout ?*

LETTRE XLVII.

DU CARDINAL DE BERNIS.

Au Plessis, le 26 janvier.

Quand on est heureux, il faut être modeste. C'est pour cela, mon cher Confrère, qu'après avoir remercié le Roi, je suis venu remercier la campagne, qui m'a rendu la santé, et dont le séjour a achevé de me désabuser des grandeurs humaines. Vous devez avoir reçu une lettre de moi à mon retour de Versailles. J'ai publié une amnistie générale pour tous mes déserteurs ; je les reçois comme un homme du monde, qui est accoutumé au flux et au reflux des amis, selon les circonstances, et comme un philosophe qui plaint les hommes, (outre les maladies qui affligent l'humanité) d'être encore sujets

sujets aux bassesses et aux platitudes. Les Lettres feront mon occupation et mon bonheur, comme elles ont fait mon sort, ou du moins beaucoup contribué à ma fortune. Quand mes affaires seront arrangées, j'aurai l'hiver une maison à Paris, et je jouirai l'été de la dépense que j'ai faite sur les bords de l'Aisne. Voilà mon plan, que Dieu seul et la toute-puissance du Roi peuvent déranger. Je crois vous avoir mandé que je n'ai rien perdu de l'ancienne amitié de Madame de Pompadour, et que j'ai beaucoup à me louer de M. le duc de Choiseul. C'est tout ce qu'en moi l'homme d'honneur et l'homme sensible pouvaient désirer. Un Traité de la Tolérance (*) est un ouvrage

---

(*) Ce mot de *tolérance* l'effrayait parce qu'il prévoyait l'usage qu'on pouvait faire du mot et de la chose, aux dépens de l'Église Romaine, à la prospérité de laquelle il était assez naturel qu'il s'insi important, mais si délicat, que je crois plus prudent de vous prier de ne pas me l'adresser. Je suis un peu enrhumé. Priez Dieu que je ne m'enrhume pas davantage à la procession des Chevaliers de l'ordre. Il y a des gens qui se mocqueraient de moi, en me voyant recourir à vos prières. Pour moi, j'aurai toujours espérance et confiance dans une ame

---

téressât. D'ailleurs, il trouvait même dans son caractère modéré et conciliant des préventions contre la *tolérance*, entendue comme il voyait que les philosophes commençaient à l'entendre. Il la redoutait comme devant enfanter de nouveaux orages; et il aimait la paix par-dessus tout. Tel est le vœu, tel est le sentiment que respire toute sa correspondance politique depuis 1769 jusqu'à sa mort. Il avait au reste, dans le fond de son ame, sur la superstition et sur l'intolérance religieuse les mêmes idées que tous les hommes éclairés de son tems; mais il ne les manifestait pas à tout le monde; et se serait bien gardé d'en faire la confidence à un philosophe aussi publiquement indévot, et à un correspondant aussi peu discret que Voltaire.

que Dieu a embellie des lumières les plus pures, et des sentimens les plus nobles.

Adieu, mon cher Tirésie, qui voyez si clair; l'hiver va finir : vous retrouverez vos yeux au printems.

LETTRE XLVIII.

DE VOLTAIRE.

A Ferney, le 18 février.

Il y a long-tems, Monseigneur, que j'hésite à vous envoyer ce petit conte; mais comme il m'a paru un des plus propres et des plus *honnêtes*, je passe enfin par-dessus tous mes scrupules; vous verrez même en le parcourant que vous y étiez un peu intéressé, et vous sentirez combien je suis fâché de ne pouvoir vous nommer (*). Votre Éminence a beau dire que le sacré Collège n'est pas heureux en poëtes ; j'ai dans mon porte-feuille des choses qui feraient honneur à un consistoire composé de Tibulles ; mais les tems sont changés : ce qui était à la mode du tems des cardinaux Duperron et de Richélieu ne l'est plus aujourd'hui ; cela est douloureux.

Je ne sais si Votre Éminence est au Plessis ou à Paris ; si elle est à la campagne, c'est un vrai séjour pour des contes ; si elle est à Paris, elle a autre chose à faire qu'à lire ces rapsodies. On m'a dit que vous pourriez bien être berger d'un grand troupeau ; si cela est, adieu les Belles-Lettres. Je ne combattrai pas l'idée de vous voir une houlette à la main ; au contraire je féliciterai vos ouailles,

___

(*) C'est le conte de Voltaire, qui a pour titre : les *Trois Manières*.

et je suis bien sûr que vos pastorales seront d'un autre goût que celles du Puy en Velay (*); mais j'avoue qu'au fond de mon cœur, j'aimerais mieux vous voir la plume que la houlette à la main. J'ai dans la tête qu'il n'y a personne au monde plus fait par la nature et plus destiné par la fortune, pour jouir d'une vie charmante et honorée que vous l'êtes ; toutes les houlettes du monde n'y ajouteront rien ; ce ne sera qu'un fardeau de plus; mais faites comme il vous plaira ; il faut que chacun suive sa vocation. Je n'en ai aucune pour jouer de la harpe dont vous m'avez parlé ; cet instrument ne me va pas, j'en jouerais trop mal.

Tu nihil invitâ dices, faciesve Minervâ.

J'ai été enchanté que vous ayez

―――
(*) Celles de M. Le Franc de Pompignan, évêque du Puy.

retrouvé à Versailles votre ancienne amie ; cela lui fait bien de l'honneur dans mon esprit. Je suppose que M. Duclos, notre secrétaire, est toujours très-attaché à Votre Éminence. Il a le petit livre de la Tolérance ; je vous demande en grâce de le lire et de le juger.

Je n'ai plus de place que pour mon profond respect et mon tendre attachement.

Le Vieux de la Montagne.

LETTRE XLIX.

DU CARDINAL DE BERNIS.

Au Plessis, le 11 mars.

Votre lettre et vos contes, mon cher Confrère, sont venus à propos pour dissiper la mélancolie d'un rhume mêlé de goutte qui me retient depuis six semaines au coin du feu. Les Lettres, qui font le plaisir le plus vif des gens sains, sont la véritable consolation des malades. *Vos Trois Manières* sont toutes fort bonnes. Je voudrais seulement que *la triste Apamis* s'appellât *la tendre Apamis*. La tristesse emporte toujours l'idée de l'ennui. Je voudrais aussi que le *corsaire de Théone* évitât cette expression de corsaire : *toutes deux je contenterai ; il voulut agir tout de bon*, est encore une façon de s'exprimer bonne à éviter. La délicatesse de notre langue se révolte encore plus contre les mots que contre les idées (*). A

(*) Voltaire n'a pas été fort docile à ces diverses critiques du cardinal de Bernis sur son joli conte des *Trois Manières*. Il y a laissé subsister *la triste Apamis*; et ces deux vers : *Toutes deux je contenterai*, et *Il voulut agir tout de bon*. Il ne s'est amendé que sur l'expression de *corsaire*, à laquelle il a substitué celles de *vieux capitaine écumeur*, d'*armateur*, de *vieux pirate*.

cela près, les trois contes sont comme vous dites, assez *propres*, et pleins de ces vers heureux, qui ont le sens juste des proverbes, et qui se gravent aisément et profondément dans la mémoire. Divertissez-vous à ce genre dans lequel la Fontaine peut être surpassé ; mais de grâce, n'ayez pas la paresse de fouiller dans vos poches ; vous les trouverez pleines des plus belles gazes du monde ; il serait dommage que vous négligeassiez de vous en servir. Notre secrétaire est toujours de mes amis ; je devais aller demain passer quelques jours à Paris ; la goutte et le rhume ont tout dérangé. Je lirai le petit Traité de la *Tolérance* ; il est aisé aux particuliers d'en suivre les maximes ; c'est le chef-d'œuvre de la sagesse d'un gouvernement, de les faire pratiquer sans exciter de fermentation, et sans blesser ou paraître blesser les principes (*). J'ai reçu votre histoire universelle jusqu'à nos jours. Il s'en faut de peu (et il ne tiendra qu'à vous) que ce ne soit le tableau le plus vrai, comme il est le plus philosophique, le plus agréable et le plus varié. Nous nous verrons quelques jours; cela sera fort doux pour moi, et ne vous sera peut-être pas inutile. Mon cœur est vivement affligé. Madame de Pompadour, mon amie depuis vingt-trois ans, à qui j'ai de très-grandes obligations, est attaquée à Choisi depuis douze jours, d'une maladie dangereuse; le Roi y perdrait une amie sincère, et les Lettres une protectrice sûre et éclairée. Que la vie a peu d'instans heureux ! les Lettres ! les Lettres! les Arts ! Il n'y

———
(*) Telle a été l'opinion qu'il a professée jusqu'à sa mort. On l'a vu avec étonnement s'effaroucher de l'Édit de 1788, qui laissait cependant encore tant de choses à faire en faveur des Protestans.

a que cela qui console dans l'affliction, et qui jette un voile heureux sur toutes nos misères. Adieu, mon cher Confrère, conservez votre santé; elle est utile à la mienne; je vous regarde comme le meilleur médecin de l'Europe.

LETTRE L.

DE VOLTAIRE.

Aux Délices, le 23 avril.

Je crois, Monseigneur, que vous avez fait une véritable perte. Madame de Pompadour était sincèrement votre amie : et s'il m'est permis d'aller plus loin, je crois du fond de ma retraite allobroge que le Roi éprouve une grande privation; il était aimé pour lui-même par une ame née sincère, qui avait de la justesse dans l'esprit et de la justice dans le cœur : cela ne se rencontre pas tous les jours. Peut-être cet événement vous rendra encore plus philosophe ; peut-être en aimerez-vous encore mieux les Lettres ; ce sont-là des amies qu'on ne peut perdre, et qui vous accompagnent jusqu'au tombeau. Songez que dans le seizième siècle ceux qui cultivaient les Lettres avec le plus de succès étaient gens de votre étoffe. C'étaient les Médicis, les la Mirandole, les cardinaux Sadolet, Bembo, Bibiena, de la Pole, et plusieurs prélats dont les noms composeraient une longue liste. Nous n'avons eu dans ces derniers tems que le cardinal de Polignac qui ait su mêler cette gloire aux affaires et aux plaisirs ; car les Fénelon et les Bossuet n'ont point réuni ces trois mérites. Quoiqu'il en soit, tout ce que je prétends dire à Votre Éminence, c'est que nous n'avons aujourd'hui que vous, c'est qu'il faut que vous soyez aujourd'hui à notre tête, que vous nous protégiez, et sur-tout que vous nous fassiez prendre un meilleur chemin que celui dans lequel nous nous égarons tous aujourd'hui.

Je ne sais si vous avez lu quelque chose des Commentaires sur Corneille; j'en avais déjà soumis quelques-uns à votre jugement, et vous m'aviez encouragé à dire la vérité. Je me doute bien que ceux qui ont plus de préjugés que de goût, et qui ne jugent d'un ouvrage que par le nom d'un auteur, seront un peu effarouchés des libertés que j'ai prises; mais enfin, je n'ai pu dire que ce que je pensais, et non ce que je ne pensais pas. J'ai voulu être utile, et je ne l'aurais pas été si j'avais été un commentateur à la façon des

Daciers. Ce commentaire n'a pas seulement servi au mariage de mademoiselle Corneille, mariage qui ne se serait jamais fait sans vos générosités et sans celles des personnes qui vous ont secondé ; il fallait encore empêcher les jeunes gens de tomber dans le faux, dans l'outré, dans l'empoulé ; défauts qu'on rencontre trop souvent dans Corneille au milieu de ses sublimes beautés.

Si vous avez du loisir, je vous exhorte à lire la vie du chancelier de l'Hopital ; vous y trouverez des faits et des discours, qui méritent, je crois, votre attention. Je voudrais que le petit livre de la Tolérance pût parvenir jusqu'à vous ; il est très-rare, mais on peut le trouver ; je crois d'ailleurs qu'il est bon qu'il soit rare. Il y a des vérités qui ne sont pas pour tous les hommes et pour tous les tems (*). Que Votre Éminence conserve ses bontés à son Vieux de la Montagne, qui lui est attaché avec le plus tendre et le plus profond respect.

LETTRE LI.

DE VOLTAIRE.

Aux Délices, le 27 juin.

Monseigneur, il faut que vous permettiez encore cette petite importunité. Je sais respecter vos occupations, mais il y a une bagatelle très-importante pour moi, pour laquelle je vous implore : elle n'est ni sacerdotale, ni épiscopale ; elle est

---

(*) Quel aveu échappe ici à Voltaire ! Ne fait-il pas sa propre critique, lui qui a cru pouvoir tout dire et qui a tout dit ? On sait que Fontenelle avait la même opinion sur les *vérités*. Dans ces derniers tems on en a été beaucoup moins économe.

académique. On va jouer une tragédie où Votre Éminence n'ira pas, et où je voudrais qu'elle pût aller. C'est ce Triumvirat, cet assemblage d'assassins et de coquins illustres sur quoi je vous consultai l'année passée quand vous aviez du loisir. J'ai oublié de vous demander le secret, et je vous le demande aujourd'hui très-instamment. On va donner la pièce sous le nom d'un petit ex-jésuite. Prêtez-vous à cette niche, si on vous en parle. Je vous prends pour mon confesseur : vous ne me donnerez peut-être pas l'absolution ; cependant je vous jure que j'ai suivi vos bons avis autant que j'ai pu. Si la pièce est sifflée, ce n'est pas votre faute, c'est la mienne.

Comme vous voilà établi mon confesseur, je vous avouerai, toute réflexion faite, que, malgré mon extrême envie de vous voir uniquement à la tête des Lettres, vivant en philosophe, cependant je vous pardonne d'être Archevêque.

Je ne trouve qu'une bonne chose dans le testament attribué au cardinal de Richelieu : c'est qu'il faut qu'un Évêque soit homme d'État plutôt que théologien. Le métier est bien triste pour qui s'en tient aux fonctions épiscopales ; mais un grand seigneur Archevêque peut, dans les occasions, tenir lieu de gouverneur, d'intendant, de juge, et tant vaut l'homme, tant vaut son église. Si vous aviez siégé à Toulouse, l'horrible affaire de Calas ne serait pas arrivée. Je suis obligé de parler ici à Votre Éminence d'un Archevêque de votre voisinage, qui a fait un étrange mandement. Il m'y a fourré très-indécemment : c'est M. d'Auch. Il prenait bien son tems ! tandis que je faisais mille plaisirs à son neveu qui

qui est un gentilhomme de mon voisinage. On dit que c'est un *Patouillet*, jésuite, qui est l'auteur de ce mandement brûlé à Toulouse. Il faut que ce Patouillet soit un fanatique bien mal instruit. Il ne savait pas que j'avais recueilli deux Jésuites, dont l'un est mon aumônier, et l'autre demeure dans un de mes petits domaines. Le tems où nous vivons, Monseigneur, demande des hommes de votre caractère et de votre esprit à la tête des grands diocèses. Comme je ne suis qu'un profane, je n'en dirai pas davantage, et je vous demande votre bénédiction.

Je voudrais bien que vous pussiez lire la Tolérance; je crois que vous y trouveriez quelques-uns de vos principes. L'ouvrage est un peu rabinique, mais il vous amuserait.

J'aurai l'honneur d'écrire à Votre

Éminence, quand elle sera tranquille au pays des Albigeois, et débarrassée de la grosse besogne.

Je la supplie de me conserver ses bontés, et d'agréer mon tendre respect.

LETTRE LII.

DU CARDINAL DE BERNIS.

A Paris, le 21 juillet.

Mes voyages et mes affaires m'ont empêché, mon cher Confrère, de répondre plutôt à votre dernière lettre; mais soyez bien persuadé que je vous aime toujours. J'ai lu l'*Education d'un Prince* (*), qui m'a paru charmante. A l'égard de vos Remarques sur Corneille, bien

___
(*) Cette pièce de vers, pleine de philosophie, se trouve dans le quatorzième volume des OEuvres complettes.

des gens les trouvent trop sévères, et quelquefois peu respectueuses. Quant à moi, je voudrais qu'on gardât pour les vivans tous les égards de la politesse, et qu'il fût permis de dire librement son avis sur les morts. Quoique Archevêque, j'aimerai toujours les Lettres, et je les cultiverai dans les intervalles de mes occupations. Je hais le pédantisme jusques dans les vertus ; ainsi en remplissant mes devoirs de pasteur, je n'abandonnerai pas entièrement les livres, ni la société des gens d'esprit.

Je partirai au mois d'octobre pour Alby, où je passerai un an de suite ; j'espère que vous m'y donnerez régulièrement de vos nouvelles et que vous me ferez part de tous les petits ouvrages qu'il sera convenable d'envoyer à un Cardinal-Archevêque.

1765.

Je vais travailler au bonheur de trois cents vingt-sept paroisses : je vous avoue que je suis bien aise d'en avoir le pouvoir, et que la vie ne me paraît qu'une simple végétation, à moins qu'on ne l'emploie à éclairer les hommes et à les rendre plus heureux et meilleurs. Adieu, mon cher Confrère, du pied de vos Alpes instruisez, amusez l'Europe, et conservez votre gaîté qui vous a fait vivre pour la gloire des Lettres.

LETTRE LIII.

DE VOLTAIRE.

Ferney, en Bourgogne, par Genève, 15 mai.

J'AVAIS résolu, dans ma timide profanerie, de ne point écrire à Monseigneur l'Archevêque ; mais j'apprends que Votre Éminence fait autant de bien que je lui ai connu d'esprit et de grâce.

Omnis Aristippum decuit color et status et res.

C'est votre bienfaisance qui m'enhardit. Je m'adresse à vous dans votre département, qui est celui de secourir les malheureux.

Il y a une famille bien plus infortunée que celle des Calas, et qui doit, comme les Calas, ses malheurs à l'horrible fanatisme du peuple qui séduit quelquefois jusqu'aux magistrats. Mais pour ne pas fatiguer Votre Éminence par de longs détails, je prends le parti de lui envoyer une lettre que j'écrivis il y a quelques mois à un de mes amis, et qu'on rendit publique. On est prêt de demander au conseil dont vous êtes (*), une évocation. Mais nos

---

(*) Le Conseil du Roi, dont il était membre depuis long-tems, et auquel il assistait quelquefois

avocats ont besoin de la copie de l'arrêt de Toulouse, qui confirme la sentence du premier juge. Cet arrêt est du 5 mai 1764 ; vous pourriez aisément charger, sans vous compromettre, quelqu'homme de confiance, de procurer cette copie. Je vous conjure de m'accorder cette grâce, si elle est en votre pouvoir. Vous tirerez une famille de très-honnêtes gens de l'état le plus cruel où l'on puisse être réduit. Il y a bien des malheureux dans ce meilleur des mondes possibles ; mais il n'y en a point qui méritent plus votre compassion. Vous rendrez service au genre humain en servant à déraciner le fanatisme fatal qui change les hommes en tigres. Ces deux exemples des *Calas* et des *Sirven* feront

depuis la fin de son exil. La cause que Voltaire lui recommande est celle des Sirven qui l'occupait beaucoup à cette époque.

une grande époque. Accordez-nous, je vous en supplie, toute votre protection dans cette affaire qui intéresse l'humanité. Je ne sais si vous êtes lié avec M. l'archevêque de Toulouse, que je n'ai pas l'honneur de connaître ; mais il me semble que Votre Éminence est à portée de l'engager à nous obtenir cette copie que nous demandons. Il est bien étrange qu'on puisse refuser la communication d'un arrêt. Une telle jurisprudence est monstrueuse, et, j'ose le dire, punissable. De bonne foi souffririez-vous de pareils abus, si vous étiez dans le ministère ? Enfin je m'en remets à votre sagesse et à votre bonté. Vous devez avoir quelqu'avocat à Toulouse, chargé des affaires de votre archevêché. Il me paraît bien aisé de faire retirer cette pièce par cet avocat. Au nom de Dieu, prenez cette bonne-œuvre à cœur. Je vous aimerai autant qu'on vous aime dans votre diocèse.

Je me flatte que vous jouissez d'une bonne santé, ainsi je n'ai rien à vous souhaiter.

Gratia, fama, valetudo, contingit abundè.

J'écris aujourd'hui de ma main (*). Une bonne femme m'a presque guéri de mes fluxions qui m'ôtaient l'usage de la vue. Les femmes sont toujours bonnes à quelque chose. Ainsi donc ma main vous assure que mon cœur est pénétré pour Votre Éminence d'attachement et de respect.

(*) En effet, dans le manuscrit que nous avons sous les yeux, cette lettre est toute entière de la main de Voltaire. Elle ne porte que la date du mois ; mais d'après son contenu, il est évident qu'elle est de l'année 1765.

LETTRE LIV. 1765.

DU CARDINAL DE BERNIS.

Alby, ce 24 juin.

Je ne voulais vous répondre, mon cher Confrère, qu'en vous envoyant ce que vous m'avez demandé. Je n'ai pu encore y réussir. Le marquis de Créquy prétend qu'il sera plus heureux que moi ; cela doit être, il est plus jeune. Vous avez beau être *profane*, je vous aime toujours, et je me réserve pour votre conversion. Je ne veux pas croire, comme la plupart de mes Confrères, que votre projet soit de bannir la religion de la surface de la terre : vous avez toujours été l'ennemi du fanatisme, et vous pensez sûrement que si le fanatisme qui s'arme en faveur de la religion est dangereux, celui qui s'élève pour la détruire n'est pas moins funeste (*).

Quand on vous a mandé que je m'occupais ici à rendre heureuses deux cents mille ouailles dont mon bercail est composé, on vous a dit la vérité. Cette occupation me satisfait plus que le ministère, où je n'avais que des intentions et point de moyens. L'homme n'est heureux que par le bien qu'il fait aux autres. Je sais que vous prêchez cette morale par vos leçons et par vos exemples ; aussi avez-vous recouvré la vue ; aussi le ciel vous accorde-t-il une longue vie, malgré la faiblesse de vos organes et l'immensité de vos travaux. Faites donc des heureux

---

(*) Telle a toujours été la profession de foi du cardinal de Bernis, à Paris, à Alby, et sur-tout pendant son long séjour à Rome. Philosophe à beaucoup d'égards, il se souvenait en certaines occasions qu'il était Cardinal.

encore ; répandez vos rayons sur un siècle qui décline : aimez-moi toujours, quoiqu'Archevêque et ne passez pas un an sans m'écrire. Vous savez que je vous admire ; mais peut-être ne savez-vous pas assez combien je vous aime, et combien je m'intéresse à votre bonheur et à votre gloire.

LETTRE LV.

DE VOLTAIRE.

Ferney, 22 décembre.

Monseigneur, je souhaite la bonne année à Votre Éminence, s'il y a de bonnes années ; car elles sont toutes assez mêlées, et j'en ai vu soixante-treize dont aucune n'a été fort bonne. Je ne m'imaginerai jamais que vous abandonniez entièrement les Belles-Lettres ; vous seriez un ingrat. Vous aimerez toujours les vers français, quand même vous feriez des hymnes latins. Je ne dis pas que vous aimerez les miens, mais vous me les ferez faire meilleurs. Vous m'avez accoutumé à prendre la liberté de vous consulter : je présente donc à votre muse archi-épiscopale une tragédie profane pour ses étrennes. Il ma paru si plaisant de mettre sur la scène tragique une Princesse qui raccommode ses chemises, et des gens qui n'en ont pas (*), que je n'ai pu résister à la tentation de faire ce qu'on n'a jamais fait. Il m'a paru que toutes les conditions de la vie humaine pouvaient être traitées sans bassesse ; et quoique la difficulté d'annoblir un tel sujet soit assez grande, le plaisir de la nouveauté m'a soutenu, et j'ai oublié le *solve senescentem* : mais

(*) Il veut parler de sa tragédie des Scythes.

si vous me dites *solve*, je jette tout au feu. Jetez-y sur-tout ces étrennes si elles vous ennuient, et tenez-moi compte seulement du désir de vous plaire. Je me flatte que vous jouissez d'une bonne santé, et que vous êtes heureux. Je sais du moins que vous faites des heureux, et c'est un grand acheminement pour l'être. Vous faites de grands biens dans votre diocèse ; vous contemplez de loin les orages, et vous attendez tranquillement l'avenir.

Pour moi, chétif, je fais la guerre jusqu'au dernier moment. Jansénistes, Molinistes, Frérons, Pompignans, à droite à gauche, et des Prédicans, et J. J. Rousseau. Je reçois cent estocades : j'en rends deux cents et je ris. Je vois à ma porte Genève en combustion pour des querelles de Bibus, et je ris encore ; et Dieu-merci, je regarde ce monde comme une farce qui devient quelquefois tragique.

Tout est égal au bout de la journée, et tout est encore plus égal au bout de toutes les journées.

Quoiqu'il en soit, je me meurs d'envie que vous soyez mon juge, et je vous demande en grâce de me dire si j'ai pu vous amuser une heure. Vous êtes pasteur, et voici une tragédie dont des pasteurs sont les héros. Il est vrai que des bergers de Scythie ne ressemblent pas à vos ouailles d'Alby. Mais il y a quelques traits où l'on retrouve son monde. On aime à voir dans des peintures, quoiqu'imparfaites, quelque chose de ce qu'on a vu autrefois. Ces réminiscences amusent et font penser. En un mot, Monseigneur, aimez toujours les vers : pardonnez aux miens, et conservez vos bontés pour votre vieux et attaché serviteur. *V.*

LETTRE LVI.

DU CARDINAL DE BERNIS.

A Alby, ce 11 janvier.

Vos Scythes, mon cher Confrère, n'ont rien de la vieillesse ; si je leur trouvais un défaut, ce serait plutôt d'être trop jeunes. Cela veut dire que le sujet conçu par l'homme de génie a été rempli avec trop peu de soin. Le contraste des mœurs persannes et scythes n'est pas assez frappant ; il n'est donc pas digne de vous. Fouillez-vous, mon cher Confrère, vous trouverez à foison de ces vers brillans et heureux, qui s'impriment dans la mémoire, et qui caractérisent vos ouvrages de poësie ; ornez-en un peu vos Persans et vos Scythes. Vos deux vieillards, l'un nourri à la cour et dans les armes, l'autre, chef de Peuples, peuvent dire des choses plus remarquables. Il faudrait bien établir, dès les premiers actes, que la femme scythe doit tuer de sa main le meurtrier de son mari. Cela augmenterait la vraisemblance, et doublerait le trouble du spectateur. Obéide renferme trop sa passion ; on ne voit pas assez les efforts qu'elle a faits pour l'étouffer, et pour la sacrifier au devoir et à l'honneur. L'outrage qu'elle a reçu n'est pas assez démêlé : Athamare a-t-il voulu l'enlever, ou lui faire violence ? Le spectateur français ne souffrirait pas cette dernière idée, elle révolterait la décence des mœurs générales, et réveillerait le goût des mauvaises plaisanteries, si naturel aux Français. Obéide ne se défend pas assez de l'horrible fonction de poignarder son amant ; elle souscrit trop tôt à cette loi

loi des Scythes, qui n'est fondée ni dans la pièce, ni dans l'histoire. On est surpris qu'Athamare conserve la vie par la seule raison qu'Obéide a préféré de se tuer elle-même ; car, convenez-en, ce n'est que par une subtilité qu'il se trouve compris dans le traité passé entre les Scythes et les Persans :

Le coupable respire, et l'innocente meurt.

L'ame du spectateur n'est guères satisfaite, quand les malheurs ne s'accordent pas avec la justice. Voilà mes remarques ou plutôt mes doutes (*).

(*) Pour profiter de tant de conseils, il eût fallu refondre toute la pièce ; et c'eût été un trop grand effort pour Voltaire. Il eût fallu être dans la force de l'âge : et Voltaire avait soixante - douze ans passés. Aussi les Scythes sont-ils restés une production faible d'invention, comme de coloris, qui contient encore quelques - uns de ces vers heureux dont Voltaire possédait une source intarissable, mais sans intérêt, comme sans vraisemblance. Obéide

1767.

J'aime votre gloire : c'est ce qui me rend peut-être trop difficile. Je ne vous parle pas de quelques expressions faibles ou impropres ; vous corrigerez tout cela à votre toilette, ou en vous promenant dans votre cabinet. Dieu vous a donné le talent de produire, et l'heureuse facilité de corriger. Il vous en a donné un bien plus utile, celui de corriger les ridicules de votre siècle, et de les corriger en riant, et en faisant rire ceux qui ont conservé le goût de la bonne compagnie. Les écrivains se mocquent quelquefois de cette bonne compagnie avant d'y être admis ;

se tue pour un époux qu'elle n'aimait pas, à la vue d'un amant qu'elle adore et qui lui survit ; et c'est pour obéir à une loi aussi bisarre que cruelle, à laquelle elle pouvait échapper autrement que par la mort. On voit bien que des censeurs plus indulgens encore que le cardinal de Bernis n'auraient pu trouver dans ce concours de circonstances le sujet d'une bonne tragédie.

mais il est bien rare qu'ils en saisissent le ton ; or, ce ton n'est autre chose que l'art de ne blesser aucune bienséance. Mocquez-vous donc, tant que vous voudrez, de l'insolence, de la vanité, de la hardiesse, si communes aujourd'hui et si déplacées. Vos récréations en ce genre contribuent à la bonne santé, et corrigent l'impertinence de nos mœurs. Il est plaisant que l'orgueil s'élève, à mesure que le siècle baisse : aujourd'hui presque tous les écrivains veulent être législateurs, fondateurs d'empires, et tous les gentilhommes veulent descendre des Souverains. On passait autrefois ces chimères aux grandes maisons ; elles seules en avaient le privilège exclusif ; aujourd'hui tout le monde s'en mêle. Riez de tout cela, et faites-nous rire ; mais il est digne du plus beau génie de la France de terminer sa carrière littéraire par un ouvrage qui fasse aimer la vertu, l'ordre, la subordination, sans laquelle toute société est en trouble. Rassemblez ces traits de vertu, d'humanité, d'amour du bien général, épars dans vos ouvrages, et composez-en un tout qui fasse aimer votre ame autant qu'on adore votre esprit. Voilà mes vœux de cette année, ils ne sont pas au-dessus de vos forces, et vous trouverez dans votre cœur, dans votre génie, dans votre mémoire si bien ornée, tout ce qui peut rendre cet ouvrage un chef-d'œuvre. Ce n'est pas une pédanterie que je vous demande, ni une capucinade, c'est l'ouvrage d'une ame honnête et d'un esprit juste.

LETTRE LVII.

DE VOLTAIRE.

1767.

Ferney, le 9 février.

Ayant été mort, Monseigneur, et enterré environ cinq semaines dans les horribles glaces des Alpes et du Mont-Jura, il a fallu attendre que je fusse un peu ressuscité pour remercier Votre Éminence de ce qu'elle aime toujours ce que vous savez, c'est-à-dire les Belles-Lettres, et même les vers, et qu'elle daigne aussi aimer ce bon vieillard qui achève sa carrière.

OEbaliæ sub montibus altis.

Je vous réponds qu'il a profité de vos bons avis autant que ses forces ont voulu le lui permettre. Je crois que je dois dire à présent,

Claudite jam rivos, pueri, sat prata biberunt.

N'êtes-vous pas bien content du discours de notre nouveau confrère, M. Thomas? Son prédécesseur, Hardion, n'en aurait pas autant fait (*).

J'ai chez moi M. de la Harpe, qui est haut comme Ragotin, mais qui a bien du talent en prose et en vers. Je corromps la jeunesse tant que je puis : il a fait un discours sur la guerre et sur la paix, qui a remporté le prix d'une voix unanime. Si Votre Éminence ne l'a pas lu, elle devrait bien le faire venir de Paris ; elle verrait qu'on glane encore dans ce siècle après la moisson du siècle de Louis XIV. Nous cultivons ici les Lettres au son du tambour ; nous faisons une guerre plus heureuse que

---

(*) Hardion était l'académicien auquel Thomas a succédé. Il est connu par plusieurs ouvrages estimés sur la rhétorique, la poësie française et l'histoire ; mais il ne tient une place honorable que parmi les écrivains du second ordre.

la dernière ; le quartier-général est souvent chez moi. Nous avons déjà conquis plus de six pintes de lait que nos paysannes allaient vendre à Genève (*). Nos dragons leur ont pris leur lait avec un courage invincible. Et comme il ne faut pas épargner son propre pays quand il s'agit de faire trembler le pays ennemi, nous avons été à la veille de mourir de faim.

Ayez la bonté de faire dire quelques prières dans votre diocèse pour le succès de nos armes, car nous combattons les hérétiques, et je hais ces maudits enfans de Calvin, qui prétendent avec les Jansénistes, que les bonnes-œuvres ne valent pas un

---

(*) Toutes les lettres écrites par Voltaire à cette époque respirent la même humeur plaisante contre la petite guerre que nous faisions alors à la ville de Genève, et dont ses voisins, quoique Français, souffraient infiniment plus que ses habitans.

clou à soufflet. Je ne suis point du tout de cet avis. Je voudrais qu'on eût envoyé contre ces Parpaillots un régiment d'ex-jésuites, au lieu de dragons.

Tout ce que dit Votre Éminence sur les prétentions, est d'un homme qui connaît bien son siècle, et le ridicule des prétendans. Cela mériterait une bonne épître en vers, et si vous ne la faites pas, il faudra bien que quelqu'inconnu la fasse, et la dédie à un homme titré et illustre, sans le nommer. Mais faudra-t-il dans cette épître passer sous silence ceux de vos confrères qui font des mandemens dans le goût des Femmes Savantes de Molière, et qui au nom du St. Esprit examinent si un poëte doit écrire dans plusieurs genres ou dans un seul; et si la Mothe et Fontenelle étaient autorisés à trouver des défauts dans

Homère? Les femmes petits-maîtres pourraient bien aussi trouver leur place dans cette petite diatribe ; on remettrait tout doucement les choses à leur place. J'avoue que les polissons, qui de leur grenier gouvernent le monde avec leur écritoire, sont la plus sotte espèce de tous. Ce sont les dindons de la basse-cour qui se rengorgent. Je finis en renouvelant à Votre Éminence mon très-tendre et profond respect pour le reste de ma vie. *V.*

LETTRE LVIII.

DU CARDINAL DE BERNIS.

Alby, le 26 mars.

J'AI attendu, mon cher Confrère, pour répondre à votre dernière lettre, d'avoir lu les discours de M. Thomas et de M. de la Harpe. Le style du

premier ne me plaît guères que dans les notes qui accompagnent ses éloges. Je n'aime point le style oriental qui se met à la mode. Il est dommage qu'on ne cherche plus à allier la force avec le naturel, et que Lucain ait parmi nous plus d'imitateurs que Virgile. En général, j'ai été content de la manière d'écrire de M. de la Harpe. S'il passe encore quelque-tems avec vous, il achèvera de per-fectionner des talens qui donnent les plus grandes espérances. Dès que vos Scythes seront imprimés, je vous prie de m'en envoyer un exemplaire. J'aime toujours les Let-tres, et même les vers, sur-tout quand c'est vous qui les avez faits. Rare-ment j'en lis d'autres. Je deviens vieux, mon cher Confrère, puisque je deviens si difficile. J'espère que nous verrons bientôt vos commen-taire sur la petite guerre de Genève.

Il ne tiendra qu'à vous de les écrire comme César. L'intérêt des évènemens ne pourra être le même ; et je crois que les comptes de votre maître-d'hôtel y joueront le premier rôle.

Dans vos momens de loisir, je vous prie de vous mocquer un peu de la bouffissure qui règne aujourd'hui. En fait de goût, dès que les premières bornes sont franchies on ne sait plus jusqu'où l'on pourra aller. Nous touchons presqu'au galimathias. Est-il possible que dans un siècle où vous écrivez, on s'éloigne si fort du style de Racine, de Despréaux, et du vôtre ! Rendez encore ce service aux Lettres. Vous pouvez faire cette heureuse révolution en vous jouant.

Adieu, mon cher Confrère ; soyez toujours bien aimable. Vivez malgré la délicatesse de vos organes et la vivacité de votre ame : soyez un prodige dans le monde physique comme dans le monde moral ; et sur-tout ayez de l'amitié pour moi, qui vous admire et qui vous aime.

LETTRE LIX.

DE VOLTAIRE.

Le 16 avril.

Albi sermonum nostrorum candide judex.

Vous êtes sûrement du nombre des élus, Monseigneur, puisque vous n'êtes pas du nombre des ingrats. Vous chérissez toujours les Lettres, à qui vous avez dû les principaux évènemens de votre vie. Je leur dois un peu moins que Votre Éminence, mais je leur serai fidèle jusqu'au tombeau. Je suis encore moins ingrat envers vous, qui avez bien voulu m'honorer de très-bons conseils sur la Scythie. J'attends de Paris mon ouvrage tartare pour vous l'envoyer dans le pays des Visigoths, quoique assurément il n'y ait rien dans le monde de moins visigoth que vous. Le blocus de Genève retarde un peu les envois de Paris. Cette campagne-ci sera sans doute bien glorieuse, mais elle me gêne beaucoup. Dès que j'aurai ma rapsodie imprimée, j'y ferai coudre proprement une soixantaine de vers que vous m'avez fait faire, et je dirai : *Si placet tuum est.*

Si Votre Éminence souhaite que je lui envoie le factum des Sirven, il partira à vos ordres. Il est signé de dix-neuf avocats ; c'est un ouvrage très-bien fait. On y venge votre province de l'affront qu'on lui fait de la croire féconde en parricides. C'était à un *languedochien* et non à moi, de faire rendre justice aux Sirven et aux Calas. Mais ces deux familles infortunées s'étant réfugiées dans mes déserts, j'ai cru que la fortune me les envoyait pour les secourir.

Plus vous réfléchissez sur tout ce qui se passe, plus vous devez aimer votre retraite. La grosse besogne archi-épiscopale me paraît fort ennuyeuse; mais vous faites du bien, vous êtes aimé, et il vous appartient de vous réjouir dans vos œuvres, comme dit le livre de l'Ecclésiaste, attribué fort mal-à-propos à Salomon.

Oserai-je vous demander si vous avez lu le Bélisaire de Marmontel, qu'on appelle son petit carême. La Sorbonne le censure pour n'avoir pas damné Titus, Trajan, et les Antonins. Messieurs de Sorbonne seront sauvés probablement dans l'autre monde, mais ils sont furieusement sifflés dans celui-ci.

Riez, Monseigneur, il faut souvent rire sous cape; mais il est fort agréable de rire sous la barette,

Felix qui potuit rerum cognoscere causas! etc.

Que Votre Éminence agrée le très-tendre respect du Vieux Suisse.

LETTRE LX.

DU CARDINAL DE BERNIS.

A Alby, le 30 avril.

J'AI lu, mon cher Confrère, les Scythes imprimés, avec l'éloge des deux grands satrapes de Babylone. J'ai trouvé dans cette pièce des changemens heureux, et plusieurs morceaux qui prouvent que vous pouvez encore remplir cette carrière avec plus de force et d'intérêt que nos jeunes gens. Si vous m'envoyez des vers, faites ensorte que je puisse m'en vanter; je ne suis ni pédant, ni hypocrite (*) ; mais sûrement vous seriez bien fâché que je ne fusse pas ce que je dois être et paraître. Vous me ferez grand plaisir de m'envoyer les mémoires des *Sirven*. Je suis très-disposé à trouver innocens les malheureux ; on ne peut d'ailleurs être plus éloigné que je le suis du fanatisme en tout genre. J'aime l'ordre et la paix. L'humanité a sur moi les droits les plus étendus. A propos d'humanité, avez-vous lu

---

(*) Sans pédanterie, sans rigorisme, le cardinal de Bernis sut toujours, sur-tout depuis sa disgrace, conserver les bienséances de son état. C'est une justice que lui ont rendu ses ouailles pendant les cinq années qu'il a passées à Alby, et que toute l'Europe lui a rendue pendant son long séjour à Rome, où sa maison fut pendant plus de vingt ans le rendez-vous des hommes distingués de tous les pays, de tous les rangs, et de toutes les opinions.

le discours d'un avocat-général de Grenoble ? Quoiqu'il donne quelquefois dans l'enflure et l'enluminure modernes, on ne peut s'empêcher d'être remué en lisant cet ouvrage. Finissez votre petite guerre. Prolongez, embellissez votre couchant, en riant des ridicules, en donnant aux jeunes écrivains des leçons et des exemples, et en faisant les délices de vos amis. Adieu, mon cher Confrère, je vous aime autant que je vous admire.

Je n'approuve pas que la Sorbonne censure Bélisaire, qui respire les bonnes mœurs, et je n'approuve pas non plus que notre Confrère se soit exposé à la censure par un chapitre épisodique (*), et qui ne tient à rien.

(*) Le chapitre quinze, sur lequel portait principalement la censure de la Sorbonne.

P.

LETTRE LXI.

DE VOLTAIRE.

Du 18 mai.

Voici, Monseigneur, deux exemplaires du mémoire en faveur des Sirven, et de la nature, et de la justice, contre le fanatisme et l'abus des loix. J'aime mieux vous envoyer cette prose que la tragédie des Scythes, que je n'ai pas seulement voulu lire, parce que les libraires s'étant trop hâtés, n'ont pas attendu mon dernier mot. On en fait actuellement une édition plus honnête, que j'aurai l'honneur de soumettre au jugement de Votre Éminence. Je joue demain un des vieillards sur mon petit théâtre, et vous sentez bien que je le jouerai d'après nature.

Vraiment, si je suis assez heureux pour vous dédier une épître, cette épître ne sera que morale; mais il faut que cette morale soit piquante; et c'est-là ce qui est difficile.

Ce M. Servan se taille des ailes pour voler bien haut. Il vint, il y a deux ans, passer quelques jours chez moi. C'est un jeune philosophe tout plein d'esprit. Il pense profondément. Il n'a pas besoin des petites pretintailles du siècle.

J'ai peur que notre guerre de Genève ne dure autant que celle de Corse; mais elle ne sera pas sanglante. L'aventure des Jésuites fait une très-grande sensation jusques dans nos déserts; et on parle à peine d'une femme qui établit la tolérance dans onze cents mille lieues quarrées de pays, et qui l'établit encore chez ses voisins. Voilà, à mon gré, la plus grande époque depuis trois siècles. Conservez-moi vos bontés. Aimez toujours les Lettres, et agréez mon tendre et profond respect.

LETTRE LXII.

DU CARDINAL DE BERNIS.

A Alby, ce 22 juin.

J'AI lu avec intérêt, mon cher Confrère, le mémoire des Sirven. Je souhaite de tout mon cœur, que justice leur soit rendue, et que leurs malheurs soient réparés. O combien l'ignorance et les passions ont sacrifié de victimes, et combien cette partie de l'histoire du genre humain humilie les esprits éclairés et afflige les ames sensibles ! Ces sacrifices sanglans, répétés d'âge en âge, et dans tous les pays, ne doivent pas nous rendre misantropes, mais nous exciter à la bienfaisance. Les belles ames se croient chargées de réparer toutes les injustices exercées par le plus fort sur le plus faible. J'aime en vous, de préférence (même à vos talens que j'admire) ce penchant qui vous porte à protéger le faible, et à secourir l'opprimé. Vos belles actions, en ce genre, dureront autant que vos ouvrages : on ne pourra pas dire que vous ayez cru que la vertu n'était qu'une chimère. Mais on dit que vous vous êtes amusé à faire dans notre langue la *Secchia rapita* (*). Si cela est assez grave pour moi, faites m'en part. J'attends

---

(*) Ce n'était pas faire une comparaison qui pût flatter l'amour-propre de Voltaire. Car il avait une très-mauvaise idée de la *Secchia rapita*. « C'est, » dit-il quelque part, un très-plat ouvrage, sans » invention, sans imagination, sans variété, sans » esprit et sans grâce. Tassoni n'est point du tout » plaisant en cherchant toujours à l'être. »

vos Scythes mieux imprimés. J'aime toujours les Lettres ; elles m'ont fait plus de bien que je ne leur ai fait d'honneur. Mille entraves m'ont empêché de m'y livrer entièrement; rien ne m'empêchera de les honorer, de les chérir, ni d'admirer, ni d'aimer de tout mon cœur celui qui, dans notre siècle, les a cultivées avec tant de supériorité. *Vale.*

Note de l'Éditeur.

Après cette lettre, nous n'en trouvons plus de 1767, et pas une seule de l'année suivante. Dans le Recueil que nous avons sous les yeux il n'y a à la date de 1768 qu'une attestation des États du pays de Gex, dont nous aurons occasion de parler à la suite de la soixante-septième lettre.

LETTRE LXIII.

DE VOLTAIRE.

1769.

A Ferney, ce 8 mai.

PUISQUE vous êtes encore, Monseigneur, dans votre caisse de planches (*) en attendant le Saint-Esprit, il est bien juste de tâcher d'amuser Votre Éminence.

(*) Le cardinal de Bernis venait de passer d'Alby à Rome pour y assister au conclave qui produisit (en grande partie par son influence) l'élévation de Ganganelli à la papauté. Recevant cette lettre au milieu de ses plus saintes fonctions, il n'aura peut-être pas été trop content de s'y voir comparé au cardinal Bembo, qui était un bel-esprit du seizième siècle, mais qui fut soupçonné d'avoir sur la religion des idées un peu libres. C'est de lui dont on disait, *qu'il ne lisait jamais la Bible, ni son bréviaire, de peur de gâter sa belle latinité.* Aussi, dans la réponse très-courte que le cardinal de Bernis fit à cette lettre, ne dit-il rien du compliment, d'ailleurs si agréablement tourné, que lui adressait Voltaire.

Vous avez lu sans doute actuellement les quatre Saisons de M. de St. Lambert. Cet ouvrage est d'autant plus précieux, qu'on le compare à un poëme qui a le même titre, et qui est rempli d'images riantes tracées du pinceau le plus léger et le plus facile. Je les ai lus tous deux avec un plaisir égal. Ce sont deux jolis pendans pour le cabinet d'un agriculteur, tel que j'ai l'honneur de l'être. Je ne sais de qui sont ces quatre Saisons à côté desquelles nous osons placer le poëme de M. de St. Lambert. Le titre porte, par M. le C. de B. C'est apparemment M. le cardinal de Bembo. On dit que ce cardinal était l'homme du monde le plus aimable, qu'il aima la littérature toute sa vie, qu'elle augmenta ses plaisirs ainsi que sa considération, et qu'elle adoucit ses chagrins s'il en eut. On prétend qu'il n'y a actuellement dans le sacré Collége qu'un seul homme qui ressemble à ce Bembo, et moi je tiens qu'il vaut beaucoup mieux.

Il y a un mois que quelques étrangers étant venus voir ma cellule, nous nous mîmes à jouer le Pape aux trois dés. Je jouai pour le cardinal Stoppani, et j'amenai raffle, mais le Saint-Esprit n'était pas dans mon cornet ; ce qui est sûr, c'est que l'un de ceux pour qui nous avons joué sera Pape. Si c'est vous, je me recommande à votre Sainteté.

Conservez, sous quelque titre que ce puisse être, vos bontés pour le Vieux Laboureur. *V.*

Fortunatus et ille Deos qui novit agrestes.

LETTRE LXIV.

DU CARDINAL DE BERNIS.

Rome, le 24 mai.

LE Roi, mon cher Confrère, a nommé le Pape (*), son Secrétaire d'État, les principales charges. Êtes-

---

(*) Ce fut sur-tout par l'influence des couronnes de France et d'Espagne que Ganganelli fut porté au trône pontifical, sous le nom de Clément XIV. Aussitôt qu'il fut élu, les ministres de ces couronnes, le cardinal de Bernis et don Joseph Monino (depuis comte de Florida Blanca) exercèrent auprès de lui un grand crédit, et firent nommer secrétaire d'État, c'est-à-dire ministre des affaires étrangères; le cardinal Pallavicini, homme modéré, de talens médiocres, et dont le titre principal était la proche parenté qui le liait au marquis de Grimaldi, alors premier Ministre de la cour de Madrid. Ils obtinrent avec la même facilité que les autres grandes places avec lesquelles les Puissances Catholiques ont des relations, comme celles de secrétaire des brefs, de président de la Daterie, etc. seraient conférées à des Cardinaux dévoués aux Couronnes.

vous content ? Vous attendez la suite ; et moi aussi. On dit que je ne retournerai pas sitôt en France. On dit à Rome que je suis habile ; et moi, je dis que je suis bien malheureux de ne pouvoir vous lire, vous relire, de n'avoir pas vu encore les *quatre Saisons* nouvelles ; en un mot, de n'être pas libre. J'ai reçu l'Épître à M. de St. Lambert, et la jolie lettre qui l'accompagnait. Soyez heureux puisque vous en faites, et n'oubliez pas votre sincère admirateur et serviteur.

1769.

LETTRE LXV. (*)

DE VOLTAIRE.

A Ferney, le 12 juin.

Viva il cardinale Bembo y la poesia !

J'AI lu, je ne sais où, que le cardinal Bembo était d'une très-ancienne maison, et que de plus, il était fort aimable ; mais que c'était la *poesia* qui avait commencé à le faire connaître, et que sans les Belles-Lettres il n'aurait pas fait une grande fortune.

(*) Cette lettre et la 63ᵉ ont déjà été imprimées. Elles se trouvent dans le volume 61 des Œuvres complettes de Voltaire. Nous ne les réimprimons ici que pour y ajouter quelques notes, et sur-tout pour présenter dans son ensemble une correspondance aussi singulière que celle de deux hommes comme Voltaire et le cardinal de Bernis, qui s'écrivent plusieurs lettres pour décider si et comment un vieux Jésuite obtiendra la permission de porter perruque.

Il était réellement très-bon poëte; car,

> Sapere est et principium et fons.

Votre Éminence sait-elle que votre correspondant, M. le duc de Choiseul, est aussi notre confrère? Il y a quelques années qu'étant piqué au jeu sur une affaire fort extraordinaire, il m'envoya une vingtaine de stances de sa façon, qu'il fit en moins de deux jours. Elles étaient nobles, elles étaient fières; il y en avait de très-agréables. L'ouvrage en tout était fort singulier. Je vous confie cela comme à un Archevêque, sous le secret de la confession.

Je ne crois pas que Clément XIV soit un Bembo, mais puisque vous l'avez choisi, il mérite sûrement la petite place que vous lui avez donnée. Or, Monseigneur, comme dans les petites places on peut faire de petites grâces, il peut m'en faire une, et je vous demande votre protection. Elle ne coûtera rien ni à Sa Sainteté, ni à Votre Éminence, ni à moi; il ne s'agit que de la permission de porter la perruque; ce n'est pas pour mon vieux cerveau brûlé que je demande cette grâce, c'est pour un autre vieillard (ci-devant soi disant jésuite, ne vous en déplaise), lequel me sert d'aumônier.

Ferney est, comme Alby, auprès des montagnes; mais notre hiver est incomparablement plus rude que celui d'Alby. Je vois de ma fenêtre quarante lieues de la partie des Alpes, qui est couverte d'une neige éternelle. Les Russes qui sont venus chez moi m'ont avoué que la Sibérie est un climat plus doux que ne le sont ici les mois de décembre et de janvier. Nos curés, qui sont nés dans le pays, peuvent supporter l'horreur de nos frimats; et quoiqu'ils soient tous des têtes à perruques, ils n'en portent cependant pas, ils ont même fait vœu d'être chauves en disant la messe. Mon aumônier est Lorrain ; il a été élevé en Bourgogne, il n'a point fait le vœu de s'enrhumer, il est malade, et sujet à de violens rhumatismes ; il priera Dieu de tout son cœur pour votre Éminence, si vous voulez bien avoir la bonté d'employer l'autorité du Vicaire de Jésus-Christ pour couvrir le crâne de ce pauvre diable.

Je ne vous cacherai point que notre Évêque d'Annecy est un fanatique, un homme à billets de confession, à refus de sacremens. Il a été vicaire de paroisse à Paris, et s'y est fait des affaires pour ces belles équipées. En un mot, j'ai besoin de toute la plénitude du pouvoir apostolique pour coëffer celui qui me dit la messe. Je ne puis avoir d'autre Aumônier que lui ; il est à moi depuis près de dix ans ; il me serait impossible d'en trouver un autre qui me convint autant. Je vous aurai une très-grande obligation, Monseigneur, si vous daignez m'envoyer le plutôt qu'il sera possible, un beau bref à perruque.

Je ne sais si vous avez continué M. l'Archevêque de Calcédoine dans son poste de Secrétaire d'État des Brefs. Je me doute que non. Mais qui que ce soit qui ait cette place, j'imagine qu'il est votre Secrétaire. Votre Éminence gouverne Rome et la barque de Saint-Pierre (*), ou je me trompe fort. Si je n'obtiens pas

---

(*) Il ne la gouvernait pas encore cette barque, mais il ne tarda pas à la gouverner. Ce ne fut cependant qu'avec beaucoup de circonspection et à travers une foule d'écueils qui ne permettaient pas à la vigilance du nautonnier de s'endormir un seul instant. Le cardinal de Bernis a employé plus de vingt années de celles qu'il a passées à Rome, à

ce

ce que je demande, je m'en prendrai
à vous.

Ma lettre n'a rien d'un bref, elle
est trop longue ; je vous supplie de me
pardonner et de conserver pour ma
vieille tête et pour mon jeune cœur
des bontés dont je fais plus de cas
que de toutes les perruques possibles.

N. B. Voici un petit mémoire du
suppliant ; c'est trop abuser de votre
charité que de vous supplier d'ordonner que la supplique soit rédigée
selon la forme usitée.

N. B. M. le duc de Choiseul me
fit avoir haut la main de la part de
Clément XIII des reliques pour l'au-
tel de ma paroisse. M. le cardinal

---

prévenir ou à réparer des imprudences qui auraient
pu détruire le Saint-Siège beaucoup plutôt, et même
à prédire que son renversement prochain était presqu'inévitable. Depuis les innovations entreprises par
Joseph II, il n'a pas cessé de pressentir les cala-
mités qui allaient fondre sur l'Église Romaine.

Bembo n'aura-t-il pas le pouvoir de me faire avoir une tignasse de Clément XIV.

Agréez le tendre respect du Radoteur. *V.*

N. B. Peut-être que le nom d'ex-jésuite n'est pas un titre pour obtenir des faveurs, mais peut-être aussi quand on abolit le corps, on ne refusera pas à des particuliers des grâces qui sont sans conséquence.

Daignez répondre à mon verbiage quand Votre Éminence aura un moment de loisir.

LETTRE LXVI.

DU CARDINAL DE BERNIS.

Rome, le 19 juillet.

VOILA, mon cher Confrère, la permission que M. Adam désirait pour ne pas s'enrhumer. Une petite faute qui avait été faite dans la supplique, en a retardé le succès. Je suis bien aise que M. le duc de Choiseul ait payé le tribut que tout homme d'esprit doit à la poësie. Si j'avais moins de petites affaires ici, qui emploient mon tems sans le remplir, je crois que je ferais encore des vers; mais je me contente de les aimer et de me ressouvenir qu'ils m'ont ouvert la carrière du monde et de la fortune, et, ce qui vaut bien mieux, qu'ils m'ont valu votre amitié. Je ne crois pas que le pape Clément XIV aime les fanatiques, ni qu'il protège le fanatisme. Il a étudié la théologie en homme d'esprit. Je voudrais qu'il eût étudié de même l'histoire. Adieu, mon cher Confrère, je vous aime autant que je respecte la supériorité de vos talens et de votre génie.

LETTRE LXVII.

DE VOLTAIRE.

A Ferney, le 3 Auguste.

Par pitié pour l'âge caduque
D'un de mes sacrés Estafiers,
Vous abritez sa vieille nuque.
Quand on est couvert de lauriers.
On peut donner une perruque.
Prêtez-moi quelque rime en uque
Pour orner mes vers familiers.
Nous n'avons que celle d'eunuque ;
Ce mot me conviendrait assez.
Mais ce mot est une sottise,
Et les beaux Princes de l'Église
Pourraient s'en tenir offensés.

Je remercie très-tendrement Votre Éminence de la perruque de mon pauvre aumônier, qui ne verra pas ma lettre. Mais souffrez qu'il vous rende de très-humbles actions de grâces ; il ne les dit jamais à table, et j'en suis fâché.

On dit que vous faites des merveilles à Rome, et que vos pieds tout potelés qu'ils sont, marchent sur des épines sans se blesser. Je suis très-fâché que votre Saint-Père soit peu versé dans l'histoire, il se croira encore au treizième siècle, mais vous le remettrez au courant, et vous viendrez plus aisément à bout d'un homme d'esprit que d'un sot. Vous avez une grande réputation dans l'Europe, et je vous prédis que vous ne vous en tiendrez pas à la place que vous occupez à présent. Vivez seulement, et laissez faire au tems. Je fais actuellement de la soie tout comme si j'avais l'honneur d'être de votre diocèse.

Je jouis d'une retraite qui serait agréable, même dans le voisinage de Rome. Mais quand le tems viendra où

> De l'urne céleste
> Le signe funeste
> Domine sur nous,
> Et pour nous commence
> L'humide influence
> De l'Ourse en courroux.

Alors je deviendrai un des plus malheureux agriculteurs qui respirent; alors si j'étais seul, si ma nièce ne venait pas dans ma Sibérie, je volerais en tapinois dans votre climat, je vous ferais ma cour par un escalier dérobé, et je verrais Saint-Pierre. Mais à moi n'appartient tant d'honneur. Je suis comme Mahomet II, qui fit graver (dit-on) sur son tombeau, *il eut un grand désir de voir l'Italie.*

J'en ai un plus grand, c'est que le plus aimable, le plus instruit, le plus brillant, et le plus véritablement sage des Septante, agrée toujours mon tendre respect, et me conserve ses bontés.

P. S. Vraiment en relisant le chiffon de Monsieur de Philippopoli (*), je trouve qu'il renvoie mon aumônier à son évêque, malgré la formule du *non obstantibus contrariis.* Cet évêque est l'ennemi mortel des perruques; il refusera net; cela ferait un procès, ce procès ferait du bruit et produirait du ridicule. Un ex-jésuite et moi voilà des sujets d'épigrammes, et de quoi égayer les gazetiers. On n'a déjà que trop

_____

(*) Cet évêque de Philippopoli était le prélat secrétaire des brefs que le Pape adressait aux particuliers. Car tous les brefs n'étaient pas rédigés ni contresignés par le même secrétaire. Il y en avait un pour les brefs en matière ecclésiastique, un autre pour les brefs aux Princes, un troisième pour les brefs aux particuliers, etc.

tympanisé ma dévotion. Je ne ferai donc rien sans un ordre de Votre Éminence. Je jetterais dans le feu les perruques de père Adam et les miennes, plutôt que de compromettre Votre Éminence.

Autre Postcript.

Comme en qualité de cardinal et d'archevêque, vous êtes à la tête des bienséances, je crois qu'il n'est pas mal que j'aie l'honneur de vous envoyer le petit certificat ci-joint. J'aurais fait plus de bien, mais pour en faire soit en grand, soit en petit, il faut être absolument le maître.

Nous insérons ici le certificat qui était joint à cette lettre.

1769.

Copie authentique de l'attestation (*) des États du Pays de Gex, signée par le notaire Rafo, *le 28 avril 1768, contrôlée à Gex le même jour, signée* Lachaux.

Nous soussignés, certifions que M. de Voltaire, gentilhomme ordinaire de la chambre du Roi, Seigneur de Ferney et Tournay, au pays de Gex près de Genève, a non-seulement rempli les devoirs de la religion catholique dans la paroisse de Ferney, où il réside, mais qu'il a fait rebâtir

─────────

(*) Cette attestation est la pièce dont parle Voltaire dans une de ses lettres à l'évêque de Genève, (plus connu sous le nom d'évêque d'Annecy, lieu de sa résidence) qui lui avait cherché querelle sur ce que, au milieu du scandale que causait la publicité de son impiété, il avait osé s'approcher de la sainte table. V. le tome 60 des Œuvres complettes, édition in-8°. p. 467.

et orner l'église à ses dépens ; qu'il a entretenu un maître d'école ; qu'il a défriché à ses frais les terres incultes de plusieurs habitans, a mis ceux qui n'avaient point de charrue en état d'en avoir ; leur a bâti des maisons, leur a concédé des terreins ; et que Ferney est aujourd'hui plus peuplé du double qu'il ne l'était avant qu'il en prît possession ; qu'il n'a refusé ses secours à aucun des habitans du voisinage. Requis de rendre ce témoignage, nous le donnons comme la plus exacte vérité. *Signé* GROS, Curé, SAUVAGE DE VERNY, Syndic de la Noblesse ; FABRY, premier Syndic-général et subdélegué de l'Intendance ; CHRISTIN, Avocat ; DAVID, Prieur des Carmes ; ADAM, prêtre ; et FOURNIER, Curé.

LETTRE LXVIII.

DU CARDINAL DE BERNIS.

A Rome, le 27 septembre.

On ne peut rien faire de plus, mon cher Confrère, pour la perruque de votre Aumônier. J'espère que M. l'évêque de Genève ne sera pas plus rigoureux pour lui que le Saint-Siège. L'attestation que vous m'avez envoyée m'a fait rire; c'était votre intention. Il est vrai que jusqu'ici les épines sur lesquelles je marche n'ont pas blessé mes pieds. Si le Pape avait un peu voyagé, s'il avait respiré un autre air que celui de Rome, il aurait des vues plus étendues, et son ton serait très-aimable. Il a tout l'esprit que la nature peut donner à un homme qui n'a connu que le cloître et les congrégations. Il veut bien vivre avec les Souverains, ne point tyranniser les consciences, et souffrir avec douceur le mal qu'il ne peut empêcher. Je ne me repens pas de lui avoir donné mon suffrage *accompagné de plusieurs autres.* Au surplus, ma santé a très-bien résisté aux chaleurs, et mon ame résistera encore mieux aux petites tracasseries, qui sont les fruits naturels du pays que j'habite. Quand vous ferez quelque folie honnête, soit en vers, soit en prose, souvenez-vous de votre admirateur, et du plus fidèle de vos serviteurs et *confrères.*

LETTRE LXIX.

DE VOLTAIRE.

A Ferney, le 13 novembre.

VOTRE Éminence veut s'amuser à Rome de quelques vers français : eh bien ! en voilà. *Ma per tutti i santi,* oubliez que vous êtes Archevêque et Cardinal. Souvenez-vous seulement que vous êtes le plus aimable des hommes, l'Académicien le plus éclairé, et que vous avez du génie. J'ajouterai encore : souvenez-vous que vous avez de la bonté pour moi ; et dites-moi, je vous en prie, si vous êtes de l'avis de milord Cornsbury.

Vous ne montrerez pas les Guèbres au cardinal Torregiani, n'est-il pas vrai ? Ma foi votre Pape paraît une bonne tête. Comment donc ? depuis qu'il règne il n'a fait aucune sottise.

LETTRE LXX.

DE VOLTAIRE.

A Ferney, le 9 février.

Vous me tenez rigueur, Monseigneur ; mais permettez-moi de vous dire que Votre Éminence a tort. Tout fâché que je suis contre vous, je ne laisse pas de vous donner ma bénédiction ; recevez-la avec autant de cordialité que je vous la donne. Si vous êtes Cardinal, je suis Capucin. Le Général qui est à Rome m'en a envoyé la patente. Un gardien me l'a présentée. Je me fais faire une robe de Capucin assez jolie. Il est vrai que la robe ne fait pas le moine, et que je ne peux m'appliquer ces vers charmans,

> Je ne dis rien de mon sommeil ;
> On sait bien que les gens du monde
> N'en connaissent point de pareil.

A l'égard de Joad, vous pensez comme moi ; mais vous ne devez pas me le dire, aussi ne me le dites-vous pas, et vous devez être très-sûr que je vous garderai le secret, même sur votre silence. Permettez seulement qu'un vieillard de soixante-seize ans vous aime de tout son cœur, indépendamment de son respect.

Vous êtes bien heureux dans la ville aux sept collines, dans le tems que je suis entre quarante montagnes glacées. Il ne me manque que la femme de neige de St. François.

Frère V. Capucin indigne.

LETTRE LXXI.

DU CARDINAL DE BERNIS.

A Rome, ce 28 février.

J'AI tort, mon cher Confrère, je l'avoue, mais je ne savais pas que vous étiez Capucin. Le Général a bien fait de vous en envoyer la patente. Cela prouve que l'ordre séraphique rend justice aux grands talens. Le bon abbé de St. Pierre dit dans ses prophéties, *un jour viendra que les Capucins auront plus d'esprit que les Jésuites*. Ce jour est venu. Sans aucun mystère, je conviendrai que j'ai lu vos Guèbres (*)

(*) On voit que depuis que le cardinal de Bernis est à Rome, il a plus de réserve et moins de loisir qu'auparavant. Il a donné longuement son avis sur Olimpie, sur le Triumvirat, sur les Scythes ; mais il ne parle des Guèbres qu'en passant.

avec plaisir, et qu'Athalie ne m'a jamais paru un ouvrage supérieur que par le style. Je n'osais pas le dire, mais j'ai toujours été révolté qu'on eût permis de mettre un semblable sujet sur notre théâtre.

J'ai dit au Pape ce que vous m'écriviez il y a quelque tems : « comment donc, votre Pape paraît avoir une bonne tête ! depuis qu'il règne, il n'a pas fait encore une sottise. » Sa Sainteté écouta cette plaisanterie avec plaisir ; elle me parla avec éloge de la supériorité de vos talens ; si vous finissez par être un bon capucin, le Pape osera vous aimer autant qu'il vous estime. Ne me boudez pas. Écrivez-moi, quand vous n'avez rien à faire ; et soyez sûr que je serai toujours autant votre serviteur que votre admirateur.

LETTRE LXXII.

DE VOLTAIRE.

A Ferney, le 11 mai.

QUOIQUE je sois, Monseigneur, fort près d'aller voir St. François d'Assise, le patron du Pape et le mien, il faut pourtant que je prenne la liberté de vous proposer une négociation mondaine, et que je vous demande votre protection.

Je ne sais si Votre Éminence est informée que M. le duc de Choiseul établit une ville nouvelle à deux pas de mon hameau. On a déjà construit sur le lac de Genève un port qui coûte cent mille écus. Les bourgeois de Genève, gens un peu difficiles à vivre, ont conçu une grande jalousie de cette ville qui sera commerçante ; et depuis que je suis capucin, ils ont craint que je ne convertisse leurs meilleurs ouvriers huguenots, et que je ne transplantasse leurs ouailles dans un nouveau bercail, comme de fait, grâce à St. François, la chose est arrivée.

Vous n'ignorez pas qu'il y eut beaucoup de tumulte à Genève il y a trois mois. Les bourgeois, qui se disent nobles et seigneurs, assassinèrent quelques Genevois qui ne sont que natifs. Les confrères des assassinés ne pouvant se réfugier dans la ville de M. le duc de Choiseul, parce qu'elle n'est pas bâtie, choisirent mon village de Ferney pour le lieu de leur transmigration; ils se sont répandus aussi dans les villages d'alentour. Je les ai convertis à moitié; car ils ne vont plus au prêche. Il est vrai qu'ils ne vont pas non plus à la messe; mais on ne peut pas venir à bout de tout en un jour, et il faut laisser à la grâce le tems d'opérer. Ce sont tous d'excellens horlogers. Ils se sont mis à travailler dès que je les ai eu logés.

J'ai pris la liberté d'envoyer au Roi de leurs ouvrages ; il en a été très-content, et il leur accorde sa protection. M. le duc de Choiseul a poussé la bonté jusqu'à se charger de faire passer leurs ouvrages à Rome. Notre dessein est de ruiner saintement le commerce de Genève, et d'établir celui de Ferney.

Nos montres sont très-bien faites, très-jolies, très-bonnes, et à bon marché.

La bonne œuvre que je supplie Votre Éminence de faire, est seulement de daigner faire chercher par un de vos valets-de-chambre, ou par quelque personne en qui vous aurez confiance, un honnête marchand établi à Rome, qui veuille se charger d'être notre correspondant. Je vous réponds qu'il y trouvera son avantage.

1770.

Les entrepreneurs de la manufacture lui feront un envoi dès que vous nous aurez accordé la grâce que nous vous demandons.

Je suis enchanté de mes nouveaux hôtes ; ils sont tous d'origine française. Ce sont des citoyens que je rends à la patrie, et le Roi a daigné m'en savoir gré. C'est cela seul qui excuse la liberté que je prends avec vous. Cette négociation devient digne de vous dès qu'il s'agit de faire du bien. La plupart de ces familles sont *languedochiennes* ; c'est encore une raison de plus pour toucher votre cœur.

Si Catherine II prend Constantinople, nous comptons bien fournir des montres à l'Église grecque; mais nous donnons de grand cœur la préférence à la vôtre, qui est incomparablement la meilleure, puisque vous en êtes cardinal. La triomphante Catherine m'a donné rendez-vous à Athènes, et je n'y trouverai personne que je puisse vous comparer, quand il descendrait d'Homère ou d'Hésiode en droite ligne. Mais en trouverais-je beaucoup à Rome?

Que Votre Éminence conserve ses bontés à Frère François, Capucin indigne. *V.*

LETTRE LXXIII.

1770.

Copie de la lettre circulaire envoyée à tous les Ambassadeurs.

A Ferney, le 5 juin.

Monseigneur le cardinal de Bernis est très-humblement supplié d'honorer de sa protection les Artistes dont il s'agit.

Monsieur, j'ai l'honneur d'informer Votre Excellence que les bourgeois de Genève ayant malheureusement assassiné quelques-uns de leurs compatriotes, plusieurs familles de bons horlogers s'étant réfugiées dans une petite terre que je possède au pays de Gex, et M. le duc de Choiseul les ayant mises sous la protection du Roi, j'ai eu le bonheur de les mettre en état d'exercer leurs talens. Ce sont les meilleurs Artistes de Genève. Ils travaillent en tout genre et à un prix plus modéré qu'en toute autre fabrique. Ils font en émail avec beaucoup de promptitude tous les portraits dont on veut garnir les boîtes des montres. Ils méritent d'autant plus la protection de Votre Excellence, qu'ils ont beaucoup de respect pour la religion catholique.

C'est sous les auspices de M. le duc de Choiseul que je supplie Votre Excellence de les favoriser, soit en leur donnant vos ordres, soit en daignant les faire recommander aux négocians les plus accrédités.

Je vous prie, Monsieur, de pardonner à la liberté que je prends, en considération de l'avantage qui en résulte pour le royaume.

J'ai l'honneur d'être avec beaucoup de respect, Monsieur,

De Votre Excellence, le très-humble
et très-obéissant Serviteur,

VOLTAIRE, *Gentilhomme ordinaire de la chambre du Roi.*

LETTRE LXXIV.

1770.

DE VOLTAIRE.

A Ferney, le 28 décembre.

JE vois, Monseigneur, par votre lettre à l'Académie de Marseille, que vous êtes mon protecteur. Mais j'ai vu par votre silence sur la colonie que j'ai établie, que vous ne me protégez point du tout. Je ne peux m'empêcher de vous dire que vous m'avez profondement affligé. Je n'ai point mérité cette dureté de votre part ; je m'en plains à vous avec une extrême douleur (*).

(*) Cette lettre est la seule un peu sérieuse que Voltaire ait écrite au cardinal de Bernis. On voit par d'autres parties de sa correspondance, qu'il était réellement sensible à l'oubli qu'il lui reproche. » De tous mes amis, » écrivait-il au duc de Richelieu, le 26 novembre 1770, » il n'y en a pas un qui pro-

Vous avez cru apparemment que ma colonie n'était qu'une licence poëtique. C'est pourtant une colonie très-réelle et très-considérable, composée de trois fabriques protégées par le Roi, et singulièrement par M. le duc de Choiseul. Elles réussissent toutes. Il n'y a point d'ambassadeur qui ne se soit empressé de nous procurer des correspondances dans les pays étrangers. Vous êtes le seul qui non-seulement n'ayez pas eu cette bonté, mais qui ayez dédaigné

tége la manufacture que j'ai établie dans mon hameau. On y fait pourtant les meilleures montres de l'Europe, et bien moins chères que celles de Londres et de Paris. M. le cardinal de Bernis pouvait très-aisément favoriser cet établissement en cour de Rome, et il ne l'a point fait. Je ne me suis jamais senti mieux excommunié ». On voit au reste par les deux lettres suivantes, que son ressentiment n'était pas profond, mais par la réponse du cardinal, que celui-ci n'avait pas laissé d'en être affecté.

de me répondre. Que vous en coûtait-il de faire dire un mot au consul de France que vous avez à Rome? J'attendais cette grâce de la bienveillance que vous m'aviez témoignée, et de l'ancienne amitié dont vous m'honoriez. Vous faites descendre *canos meos cum mœrore ad infernum.*

Je ne devrais pas vous faire des reproches, mais je ne suis pas glorieux. Si vous aviez voulu pour vous, ou pour quelqu'un de vos amis, quelque jolie montre aussi bonne que celles d'Angleterre, et qui aurait coûté la moitié moins, vous l'auriez eue en dix jours par la poste de Lyon.

Que Votre Éminence agrée s'il lui plait, le respect et l'extrême colère de l'Hermite de Ferney. *V.*

LETTRE LXXV.

DE VOLTAIRE.

A Ferney, le 3 janvier.

EH BIEN! cruelle Éminence, ne protégez point ma colonie. Laissez-la périr. Je péris bien, moi qui l'ai fondée. Je suis ruiné de fond en comble; mais cela n'est rien à l'âge de soixante-dix-sept ans.

Souvenez-vous seulement que je vous écrivais il y a deux ans : *vous ne vous en tiendrez pas là*. Vous êtes dans la vigueur de l'âge. Prospérez; il ne tient qu'à vous. Mais de la félicité, n'en avez-vous pas par-dessus la tête?

Si je meurs, c'est en aimant votre barbare et charmante Éminence.

Le vieil Hermite de Ferney.

LETTRE LXXVI. 1771.
DE VOLTAIRE.

A Ferney, le 11 janvier.

J'ÉTAIS, Monseigneur, en colère comme Ragotin quand on ne lui ouvrait pas la porte assez-tôt. Je grondais Votre Éminence dans le tems même que vous m'écriviez, et que je vous devais des remerciemens.

Si je réussis dans ma prédiction, je ne vous importunerai point pour les États du Pape; mais je demanderai votre protection pour ceux du Grand-Turc. C'était là le grand objet du commerce de ma colonie. Cette branche a été anéantie par la guerre avec les Russes. Le Roi de Prusse m'a enlevé douze familles qui devaient s'établir dans mon hameau; et les fermiers-généraux en ont fait déserter deux par leurs petites persécutions. Mais si Mustapha me reste, je suis trop heureux. Je vous prierai donc de faire au plutôt la paix entre lui et la victorieuse Catherine II. C'est la grâce que j'attends, si vous retournez de Rome à Versailles, comme je l'espère. Quoiqu'il arrive, je suis sûr que vous serez heureux soit à Versailles, soit à Rome.

Est Ulubris *, est hic, animus si te non deficit æquus.

Agréez toujours, Monseigneur, les tendres respects de ce vieillard si colère. *V.*

---

* Ulubres était une bourgade où Auguste était né. Comme il avait été élevé au rang des Dieux, on lui érigea un temple dans le lieu de sa naissance. On a trouvé récemment les ruines de cet édifice, et des statues qui le décoraient, à une très-petite distance de Vélétri; et ce sont les fouilles faites à cette occasion qui ont fait découvrir il y a moins d'un an cette statue de Minerve, regardée par les connaisseurs comme un des plus précieux monumens de l'antiquité.

LETTRE LXXVII.

DU CARDINAL DE BERNIS.

1771.

Rome, le...... janvier.

Je ne suis ni cruel, ni barbare, mon cher Confrère, mais je ne veux pas donner à vos horlogers des correspondans infidèles. Le commerce n'existe pas à Rome. Notre consul n'oserait vous indiquer un seul marchand dont il pût répondre. Je vous ai déjà fait part des motifs de mon silence. La négligence, ni l'oubli n'y ont eu aucune part. Je sais qu'on a parlé de moi. Je suis très-flatté que le public y pense encore; mais je m'estime très-heureux de ce que la cour n'y pense point du tout. Continuez à prouver que vous êtes véritablement philosophe par votre bonne santé. Vous l'avez prouvé par vos écrits. Vous savez, mon cher Confrère, que je vous aime presqu'autant que je vous admire.

Je viens de recevoir votre lettre plus douce du 11.

LETTRE LXXVIII.

DE VOLTAIRE.

Ferney, le 13 février.

Un garçon bleu, qui a de bons yeux et de bonnes oreilles, est venu dans ce pays-ci pour recueillir une petite succession. Il prétend qu'il a entendu un familier dire au maître : *il n'y a que le cardinal de B. qui puisse vous tirer d'affaire*, et que le maître a répondu par un sourire tout-à-fait agréable, sans dire un mot.

Je

Je me hâte, Monseigneur, de vous mander cette nouvelle. Peut-être le tems de l'accomplissement de ma prophétie approche. Pour moi, je pense comme le familier et comme le garçon bleu ; mais il se pourrait bien que vous ne voulussiez pas quitter votre heureuse tranquillité pour vous mêler des querelles d'autrui. Quoiqu'il en soit, je renouvelle à Votre Éminence les assurances de mon très-tendre respect.

Le vieil Hermite du Mont-Jura.

V.

LETTRE LXXIX.

DU CARDINAL DE BERNIS.

(Sans date).

Les garçons bleus et les esprits familiers, mon cher Confrère, ne sont pas infaillibles ; on juge mieux des évènemens en calculant les intérêts et les passions de ceux qui ont le principal crédit. Votre prophétie s'est accomplie en partie : le public m'a désiré ; ma bonne fortune sauvera ma tranquillité. Vous savez qu'il est plus difficile et moins glorieux de réparer le mal que de faire le bien. Tenez-vous en à cette maxime, et ne faites plus pour moi des vœux indiscrets. J'aime et j'admire tonjours de tout mon cœur mon cher *Confrère*.

LETTRE LXXX.

1771

DE VOLTAIRE.

Ferney, le 27 novembre.

On me mande, Monseigneur, qu'un anglais, très-anglais, qu'on appelle M. Muller, homme d'esprit, pensant et parlant librement, a répandu dans Rome qu'à son retour il m'apporterait les oreilles du grand Inquisiteur dans un papier de musique; et que le Pape, en lui donnant audience, lui a dit: *Faites mes complimens à M. de Voltaire, et annoncez-lui que sa commission n'est pas fesable; le grand Inquisiteur à présent n'a plus ni yeux, ni oreilles.*

J'ai bien quelqu'idée d'avoir vu cet anglais chez moi, mais je puis assurer Votre Éminence que je n'ai demandé les oreilles de personne, pas même celles de Fréron et de la Beaumelle.

Supposé que ce M. Muller (*) ait tenu ce discours dans Rome, et que le Pape lui ait fait cette réponse, voici ma réplique ci-jointe. Je voudrais qu'elle pût vous amuser ; car, après tout, cette vie ne doit être qu'un amusement. Je vous amuse très-rarement par mes lettres, car

---

(*) Voltaire parle de ce *M. Muller* dans une de ses lettres au maréchal de Richelieu (celle du 27 novembre 1771), et on croirait d'après cette lettre qu'il a adressée à Clément XIV, autre chose que les vers qui suivent celle-ci. Si cela était, n'en eût-il pas dit deux mots au cardinal de Bernis. Il mande au maréchal de Richelieu, qu'il a écrit au Pape qu'il lui croyait les meilleures oreilles et les meilleurs yeux du monde, *un ingegno accorto, un cuore benevole*. C'est bien là le sens des vers qu'il lui adresse, mais ce n'en est pas la lettre. Voltaire se permettait assez souvent de ces petites inexactitudes.

je suis bien vieux, bien malade et bien faible : mes sentimens pour vous ne tiennent point de cette faiblesse, ils ne ressemblent point à mes vers.

Agréez mon très-tendre respect, et conservez vos bontés pour le Vieillard de Ferney.

Le grand Inquisiteur, selon vous, très-saint Père,
 N'a plus ni d'oreilles, ni d'yeux.
Vous entendez très-bien ; vous voyez encor mieux,
Et vous savez sur-tout bien parler et vous taire.
Je n'ai point ces talens ; mais je leur applaudis.
Vivez long-tems dans la paix de l'Église,
 Allez très-tard en paradis ;
Je ne suis point pressé que l'on vous canonise.
Aux honneurs de là-haut rarement on atteint.
Vous êtes juste et bon, que faut-il davantage ?
C'est bien assez, je crois, qu'on dise il fut un sage.
 Dira qui veut, il fut un saint.

LETTRE LXXXI. (*)

DU CARDINAL DE BERNIS.

A Rome, le......

Le Pape, mon cher Confrère, a très-bien pris vos plaisanteries en prose et en vers : c'est une preuve de la supériorité de son esprit. Car, en général, les Italiens et les Romains modernes n'entendent pas trop la plaisanterie. Le Pape donc, voudrait que vous fussiez un peu plus saint que vous ne l'êtes ; mais, au surplus, il est flatté de votre estime et désire sincèrement votre conservation pour l'honneur des Lettres et de notre siècle. Ménagez votre santé, puis-

---

(*) Le manuscrit de la main du Cardinal est absolument sans date ; mais il est facile de voir que c'est une réponse à la lettre de Voltaire, du 27 novembre 1771.

que le souverain Pontife le veut, et que je le désire encore plus ardemment que le souverain Pontife.

LETTRE LXXXII.

DE VOLTAIRE.

Ferney, le 28 janvier.

Voici, Monseigneur, une affaire qui est de la compétence d'un Archevêque, d'un Cardinal, et d'un Ambassadeur. Il s'agit d'acquérir une jolie sujette au Roi, et d'empêcher un ancien Officier du Roi de se damner.

Je ne sais si Florian a l'honneur d'être connu de Votre Éminence. Il dit qu'il a celui d'être allié de votre maison. Il a ci-devant épousé une de mes nièces, et après la mort de sa femme il est venu passer quelques mois dans mon hermitage. Lucrèce

Angélique a essuyé ses larmes. Tous deux, et moi troisième, nous demandons votre protection; sans quoi Philippe et Lucrèce sont exposés à des péchés mortels qui font trembler.

Moi qui ne peux plus faire de péchés mortels, je m'intéresse à deux ames qui courent risque de perdre leur innocence baptismale, si le Saint Père n'y met la main (*).

Je sais que le Pape est *intra jus*

(*) Cette lettre était accompagnée d'un petit mémoire qui exposait la demande des deux amans dont Voltaire désirait l'union. Sa briéveté et sa tournure nous ont déterminés à la placer ici. Voltaire parle de ce mariage de M. de Florian avec une génevoise divorcée, dans une lettre à l'avocat Marin, qui se trouve dans le 62°. volume de ses OEuvres complettes. La dispense demandée ne put s'obtenir. Le mariage n'en fut pas moins béni, mais par un ministre luthérien. C'est à cette génevoise, devenue M.me de Florian, que Voltaire adressa son charmant conte de la Bégueule. Voyez p. 81 du 14° volume de ses OEuvres complettes.

et *extra jus.* Je sais que vous êtes plein de bonté, et que vous favoriserez autant qu'il est en vous les sacremens et les amours : j'entends les amours légitimes.

Quoiqu'il en soit, et de quelque manière que la requête des deux amans soit reçue, je supplie Votre Éminence d'agréer le respect et le tendre attachement du vieux malade de Ferney. *V.*

Que je vous trouve heureux d'être à Rome ! On dit que la plupart de ceux qui sont à Versailles et à Paris enragent.

Mémoire qui accompagnait la 82e lettre.

PHILIPPE - ANTOINE DE CLARIS DE FLORIAN, ancien Capitaine de Cavalerie, Chevalier de St.-Louis, pensionnaire du Roi ; né à Sauve, en Languedoc, diocèse d'Alais,

Et Lucrèce-Angélique, fille de Jean-Antoine de Normandie, et de Lucrèce-Magdelaine Courtone, née à Roterdam,

Tous deux majeurs, et sans père ni mère, veulent s'épouser.

Le sieur de Florian est catholique;

Lucrèce-Angélique est protestante; mais elle consent de se confesser et de se faire instruire; pourvu qu'elle se marie avant d'être instruite, espérant que la grace descendra sur elle; et que le mari fidèle convertira la femme infidèle.

Elle a eu le malheur d'épouser ci-devant un calviniste à Genève. Mais elle a obtenu un divorce selon les loix de Genève, et est libre.

Ils sont tout deux dans le diocèse de Genève, sur terre de France.

Ils demandent une dispense à Sa Sainteté pour se marier.

LETTRE LXXXIII.

1772.

DU CARDINAL DE BERNIS.

A Rome, le 25 février.

J'AURAIS fort désiré, mon cher Confrère, de rendre service à M. de Florian, qui est allié de mon beau-frere, et votre parent, mais l'affaire ne peut réussir ; elle ne peut pas même être proposée ici.

J'aime beaucoup mieux en effet le séjour de Rome (où l'on n'ose pas m'inquiéter) que celui de Versailles, où je ne serais pas tranquille. Mon étoile, (si étoile il y a) est singulière, mais elle n'est pas malheureuse. Vous vous souvenez que je dis au cardinal de Fleuri : *j'attendrai*. Ce mot explique la conduite de toute ma vie. C'est parce que j'ai eu de la patience et de la modération que j'ai souvent réussi, et que je vis heureux et tranquille. Quoique votre santé soit délicate et que vous en ayez quelquefois abusé, j'espère que vous vivrez autant que Fontenelle, et cela est bien juste. Vous jouissez de votre réputation et de vous-même ; vous rendez heureux ceux qui vous environnent, après avoir illustré votre siècle. Vivez donc cent ans sans radoter, et aimez toujours le plus fidèle de vos serviteurs et le plus sincère de vos admirateurs.

LETTRE LXXXIV.

DE VOLTAIRE.

Ferney, le 2 mai.

JE l'avais bien dit à Votre Éminence et à Sa Sainteté, que vous seriez tous deux responsables des péchés de ce pauvre Florian. Il s'est

marié comme il a pu. On prétend
que son mariage est nul ; mais les
conjoints l'ont rendu très-réel. C'est
bien la peine d'être Pape pour n'avoir pas le pouvoir de marier qui
l'on veut. Pour moi, si j'étais Pape
je donnerais liberté entière sur cet
article, et je commencerais par la
prendre pour moi (*).

En attendant, permettez que j'aie
l'honneur de vous envoyer ce petit
conte qui m'a paru très-honnête, et
qui est, je crois, d'un jeune abbé.
Quand les Dieux autrefois venaient
sur la terre, c'était pour s'y amuser,
attendu que la journée a vingt-quatre

(*) Cette lettre était un peu libre pour être adressée
à un Cardinal qui ne voulait pas passer pour avoir
autant de philosophie qu'il y en avait au fond de son
âme. Aussi, dans sa réponse, le cardinal de Bernis
ne dit pas un mot de ces plaisanteries peu orthodoxes. Il se borne à enchâsser une petite leçon dans
les hommages qu'il rend au talent supérieur de Voltaire.

heures. Votre génie doit s'amuser toujours, même à Rome. Il serait peut-être excédé de tracasseries dans Versailles. Il verrait de trop près nos misères. Il est mieux dans le pays des Scipions, des Virgiles et des Horaces.

Le vieux malade de Ferney vous demande très-humblement votre bénédiction et des indulgences plénières.

LETTRE LXXXV.

DU CARDINAL DE BERNIS.

Rome, le......

JE ne suis pas trop excusable, mon cher Confrère, de n'avoir pas répondu sur-le-champ à votre lettre du mois de mai dernier. La *Bégueule* est fort jolie. Le jeune abbé qui l'a faite a bien profité des leçons de son maître.

C'est le seul de vos imitateurs qui ait bien saisi les grâces de votre style. Faites beaucoup d'élèves comme celui-là. Si on retranchait du petit conte quelques expressions un peu trop vives pour un abbé, je n'aurais guères lu de vers plus agréables ni plus philosophiques. Ma nièce, qui avait de la disposition à s'ennuyer aisément, a lu votre conte chevaleresque ; elle a été sur-le-champ convertie. Continuez, mon Confrère, à faire honneur aux Lettres et à votre Patrie. Éclairez les hommes en leur apprenant à respecter un frein nécessaire à toute société. Triomphez encore long-tems de la mort et de l'envie, et aimez toujours le plus sincère de vos admirateurs.

LETTRE LXXXVI.
DE VOLTAIRE.

Le 8 auguste.

Le vieux malade de Ferney éprouve sans doute une grande consolation quand il reçoit certaines lettres de Rome ; mais il ne les exige pas. Il respecte *barette* et *paresse*. Il prend seulement la liberté d'envoyer ce rogaton (*) pour aider un peu à la méridienne après-dîné. Il présente son tendre respect.

(*) Nous n'avons pu deviner quel était ce *Rogaton* que Voltaire envoyait au cardinal de Bernis, au mois d'août 1772, et dans lequel, d'après la réponse à cette lettre, il devait se trouver une citation flatteuse pour celui-ci. Dans les pièces de vers composées à cette époque, nous n'en voyons pas une à laquelle ces deux circonstances puissent s'appliquer. Peut-être en est-ce une qui n'a pas été imprimée et que le Cardinal n'a pas conservée. De toutes les pièces de vers que Voltaire lui a envoyées, nous n'avons trouvé qu'une copie de son Épître sur l'Agriculture, et une de celle adressée à M. de Saint-Lambert.

LETTRE LXXXVII.

1772.

DU CARDINAL DE BERNIS.

Le 8 août.

JE vous remercie, mon cher Confrère, de veiller de tems en tems à ma santé. Les derniers vers que vous m'avez envoyés (indépendamment de certaine citation trop flatteuse) m'ont fait grand bien. On dit que vous avez fait nouvellement d'autres vers, qui ressemblent à ceux de votre jeunesse. Si cela est vrai, souvenez-vous que j'habite le pays de Virgile et d'Horace, mais que l'un et l'autre sont morts sans héritiers. Je vous souhaite, mon cher Confrère, la longue vie de Sophocle; personne n'a plus de droit que vous d'y prétendre.

LETTRE LXXXVIII.

DE VOLTAIRE.

A Ferney, le 10 septembre.

EN voici bien d'une autre, Monseigneur. Il court une lettre insolente, exécrable, abominable, d'un abbé Pinzo au Pape. Je n'ai jamais assurément entendu parler de cet abbé Pinzo (*); mais des gens rem-

---

(*) Il est cependant question de cet abbé Pinzo dans une des lettres de Voltaire à M. de Condorcet. (V. le vol. 62 de ses OEuvres complettes, p. 61) Elle est du 1er. septembre, et ne respire nullement l'indignation dont Voltaire paraît ici animé contre cet Abbé. Comment se fait-il que dix jours après il s'exprime sur son compte avec tant d'amertume, et qu'il assure *qu'il n'a jamais entendu parler de lui ?* Cette contradiction est assez difficile à expliquer. Voltaire ne niait-il avoir connu l'abbé Pinzo que pour empêcher qu'on ne lui suscitât quelque querelle ecclésiastique ? Il paraît qu'il en avait eu la frayeur. Car, (sans doute d'après la réponse du

plis de charité m'attribuent cette belle besogne. Cette calomnie est absurde, mais il est bon de prévenir toute sorte de calomnie.

Je demande en grâce à Votre Éminence de vouloir bien me mander s'il y a en effet un abbé Pinzo. L'on m'assure qu'on a envoyé cette lettre au Pape, comme étant mon ouvrage. Je révère trop sa personne, et je l'estime trop pour craindre un moment qu'il me soupçonne d'une telle sottise. Mais enfin, comme il se peut faire qu'une telle imposture

---

cardinal de Bernis, qu'on va lire) il mandait à M. d'Alembert, le 13 novembre 1772 : « André Ganganelli a heureusement assez d'esprit pour ne point croire que la lettre de l'abbé Pinzo soit de moi. Un sot Pape l'aurait cru, et m'aurait excommunié. On ne connaît point cet abbé Pinzo à Rome. C'est apparemment quelqu'aventurier qui aura pris ce nom et qui aura forgé cette aventure, pour attraper de l'argent aux philosophes. Il m'a passé quelquefois de pareils croquans par les mains ».

prenne quelque crédit dans Rome chez des gens moins éclairés que Sa Sainteté, vous me pardonnerez de vous en prévenir et même de joindre à cette lettre le témoignage de M. le Résident de France à Genève.

Le dangereux métier d'homme de Lettres expose souvent à de telles imputations. On dit qu'il faut prendre le bénéfice avec les charges ; mais ici le bénéfice est du vent, et les charges sont des épines.

Mon très-ancien, très-tendre et très-respectueux attachement pour Votre Éminence, me fait espérer qu'elle voudra bien m'ôter cette épine du pied, ou plutôt de la tête : elle est bien sûre de mon cœur. *V.*

Pièce jointe à la 88e. *lettre.*

JE soussigné, certifie que Monsieur de Voltaire m'a fait voir aujourd'hui une lettre datée d'une campagne près Paris, du 21 août 1772, contenant en trois pages diverses choses particulières, et à la fin ces mots : « le » Pape a fait enfermer un abbé » Pinzo; il court ici une lettre de » cet Abbé à Sa Sainteté, etc. »; et que sur une feuille séparée de la même écriture, est la lettre dudit abbé Pinzo, telle qu'elle a été imprimée; certifie de plus, que personne ne connaît à Genève cet abbé Pinzo, et que tous les Génevois que j'ai vus m'ont témoigné une indignation marquée de cette lettre vraie ou supposée. Fait à Genève, le 9 septembre 1772.

HENNIN,
Résident, pour le Roi.

LETTRE LXXXIX.

DU CARDINAL DE BERNIS.

(Sans date).

On ne connaît point à Rome, mon cher Confrère, ni l'abbé Pinzo, ni la lettre insolente au Pape. Sa Sainteté méprise les libelles ; elle est bien éloignée de soupçonner qu'un homme d'un mérite supérieur s'abaisse à ces infamies. Soyez tranquille sur cette imputation, également fausse et ridicule. Vivez heureux, c'est-à-dire, tranquille ; et continuez à mériter des envieux, sans cesser de mépriser l'envie. Laissez-lui ronger la lime, elle y brisera ses dents.

LETTRE XC.

DE VOLTAIRE.

1772.

A Ferney, le 29 septembre.

Je prends la liberté, Monseigneur, de vous présenter un voyageur génevois, digne de toutes les bontés de Votre Éminence, tout huguenot qu'il est. Sa famille est une des plus anciennes de ce pays, et sa personne une des plus aimables. Il s'appelle M. de Saussure. C'est un des meilleurs physiciens de l'Europe. Sa modestie est égale à son savoir. Il mérite de vous être présenté d'une meilleure main que la mienne. Je me tiens trop heureux de saisir cette occasion de vous renouveler mes hommages, et le respect avec lequel j'ai l'honneur d'être,

Monseigneur,

De Votre Émin. le, etc. VOLTAIRE.

LETTRE XCI.

DE VOLTAIRE.

A Ferney, le 5 octobre.

Monseigneur, M. le marquis de Condorcet et M. d'Alembert m'ont appris ce que c'était que cet abbé Pinzo et son impertinente lettre ; mais certainement celui qui l'a envoyée au Pape est encore plus impertinent. Il faut être enragé pour l'avoir écrite, et enragé pour l'avoir envoyée. Il ne faudrait pas être moins enragé pour me l'attribuer. Je vous demande pardon de vous avoir importuné de cette sottise ; mais, qu'on soit Roi ou Pape, les choses personnelles sont toujours sensibles. Je m'en suis apperçu quelquefois, et notre Résident de Genève m'avait dit qu'il était important d'aller au-devant de cette calomnie. Si cette imposture a eu quelque suite, je vous demande instamment votre protection. Si elle est ignorée, je vous demande bien pardon de tant d'importunité.

J'ai l'honneur d'être, avec l'attachement le plus respectueux et le plus inviolable,

Monseigneur,

De Votre Éminence,
le très, etc.

VOLTAIRE.

LETTRE XCII.

DU CARDINAL DE BERNIS.

A Rome, le 20 janvier.

J'AI reçu, il y a trois jours, mon cher Confrère, la lettre que vous aviez remis au mois de septembre à M. de Saussure. Je vous plains moins d'habiter la campagne depuis que je vois que vous avez de pareilles ressources dans votre voisinage. Les gens instruits et aimables sont rares, même dans les capitales. J'ai appris de bonnes nouvelles de votre santé. La force de votre esprit soutient votre corps. Je désire bien vivement que vous deveniez un prodige de longue vie, comme vous l'êtes de talens et d'agrémens.

LETTRE XCIII.

DE VOLTAIRE.

A Ferney, le 14 octobre.

Ceci n'est pas, Monseigneur, une affaire d'Académie ; ce ne sont pas *levia carmina et faciles versus* : Pourquoi m'envoie-t-on, à moi solitaire, à moi octogénaire, malade, cette lettre attribuée à l'évêque d'Amiens (*) ? Je ne puis croire qu'elle soit de lui. Mais elle est sûrement de la faction, et je crois

---

(*) C'est ce trop fameux la Motte, évêque d'Amiens, dont le fanatisme provoqua le supplice du malheureux chevalier de la Barre, et qui à cette époque écrivit, ou laissa paraître sous son nom, une lettre dans laquelle la défunte société de Jésus était fort exaltée, et où les plus amers reproches étaient prodigués aux Rois qui en avaient demandé la suppression, et au Pape qui l'avait prononcée.

bien faire de l'envoyer à Votre Éminence.

S'il arrivait que vous la fissiez lire au Pape, je vous supplierais de lui dire que j'obéis parfaitement à un article de sa bulle : je ne parle ni en bien, ni en mal, des Jésuites, ni du diable. Je trouve le Pape très-sage, très-habile, très-digne de gouverner. Tous nos Génevois et tous nos Suisses, gens plus difficiles qu'on ne pense, l'estiment et le révèrent, et je pense comme eux.

J'ai eu le bonheur de contribuer un peu au gain du singulier procès de M. le comte de Morangiés. Je le crois une de vos ouailles. C'était une brebis qui était poursuivie par des renards et des loups qu'il fallait pendre.

Nota bene que ce petit billet que je prends la liberté de vous écrire, est tout entier de ma main : cela n'est pas mal pour un vieillard de quatre-vingt ans, qui n'en peut plus. Si jamais j'en ai cent, je serai attaché à Votre Éminence comme aujourd'hui.

Conservez-moi vos bontés, si vous voulez que j'aille jusqu'à la centaine.

Baccio umilmente il lembo di sua porpora o vero purpura.

Le Vieux de la Montagne.

LETTRE XCIV.

DU CARDINAL DE BERNIS.

Rome, le 10 novembre.

LE Pape a été fort édifié de votre obéissance à son bref, mon cher Confrère, et très-content que vos Suisses et vos Génevois soient satisfaits de sa conduite ; il sait bien que vous n'êtes pas si aisé à satisfaire. Je ne lui ai point parlé de la lettre fanatique, faussement attribuée à l'évêque d'Amiens : Sa Sainteté doit être rassasiée de libelles.

Vos quatre-vingt ans ne vous ont rien fait perdre du côté du style, ni même du côté de l'écriture. Votre caractère est celui d'un homme de vingt ans bien élevé. Il vous sera plus facile aujourd'hui d'arriver jusqu'à cent ans, qu'il ne vous l'a été d'être parvenu à quatre-vingt.

J'imagine que ni le jeu, ni les femmes, ni même la gourmandise, ne sont plus pour vous des passions, et que vous connaissez trop les hommes pour vous inquiéter de leurs jalousies et de leurs malices. Votre âge vous donne une aussi grande supériorité que vos talens. Aimez-moi toujours, et ne doutez jamais de la fidélité de l'attachement que je vous ai voué pour la vie.

LETTRE XCV.

DU CARDINAL DE BERNIS.

1773.

A Rome, ce 19 décembre.

J'AI fait ce que j'ai pu, mon cher Confrère, pour établir ici avec sûreté pour vos horlogers la branche de commerce que vous m'aviez proposée. Cela n'est pas possible. Vous sentez que je ne veux pas et que je ne dois pas répondre de la bonne foi des correspondans. Ce pays-ci est sans commerce. Le Pape paraît avoir envie d'y protéger les arts, et de suivre dans les choses essentielles les traces et les principes de Benoît XIV. Il ne saurait mieux faire pour sa gloire et pour la tranquillité publique. Il y a un siècle que je n'ai reçu de vos nouvelles. On m'a envoyé une épître au Roi de la Chine, pleine de fautes, et où il y a des vers heureux, un testament que vous n'avez écrit, ni dicté, et quelques brochures. Le bon goût se perd ; vos écrits le soutiennent. Puissiez-vous le guider encore long-tems. Vous aurez regretté le président Hénault. Sa maison manquera à Paris. Les gens aimables et sociables y deviendront toujours plus rares.

Adieu, mon cher Confrère. Je vous aimerai toute ma vie, sans préjudice à l'admiration qui vous est due, et dont je fais profession.

LETTRE XCVI.

DU CARDINAL DE BERNIS.

Rome, le 24 avril.

Je ne saurais refuser cette lettre, mon cher et illustre Confrère, à deux jeunes officiers suédois, qui ont fait le voyage d'Italie avec beaucoup d'application et d'intelligence; mais qui croiraient n'avoir rien vu, si en retournant dans leur patrie, ils n'avaient pu, au moins un moment, voir et entendre le grand homme de notre siècle. Ils ont cru qu'une lettre de moi serait un passeport pour arriver jusqu'à vous. Je vous prie donc de ne pas vous refuser à leur curiosité, et au désir qu'ils ont de vous présenter un hommage, qui n'est pas celui de la flatterie. Il y a bien long-tems que je n'ai reçu de vos nouvelles : je n'en sais que par la renommée : ce n'est pas assez pour mon cœur. Ne doutez jamais, mon cher Confrère, de l'intérêt que je prends à votre santé, à votre conversation, à votre bonheur. Je n'ai plus de vœux à faire pour votre gloire. Mon attachement pour vous durera autant que ma vie.

LETTRE XCVII.

DE VOLTAIRE.

A Ferney, ce 3 juillet.

J'étais dans un bien triste état, Monseigneur, lorsque j'ai reçu vos deux jeunes gentilshommes suédois ; mais j'ai oublié tous mes maux en les entendant parler de vous.

Ils disent que Votre Éminence,
Au pays des processions

Fait à toutes les Nations
Aimer et respecter la France :
Ils disent que votre entretien
Cher aux beaux esprits comme aux belles,
Enchante le Norvégien
Et le voisin des Dardanelles,
Tout autant que l'Italien ;
Comme en sa première harangue,
Le Chef du Collège chrétien
Plaisait à chacun dans sa langue.

Voilà comme vous étiez à Paris, et en Languedoc et par-tout. Vous n'avez point changé au milieu des changemens qui sont arrivés en France. Je suis extasié en mon particulier des bontés que vous conservez pour moi ; elles me consolent et m'encouragent *per l'estreme giornate di mia vita*, comme dit Pétrarque, l'un de vos prédécesseurs en talens et en grâces. Hélas ! vous êtes aujourd'hui le seul Pétrarque qui soit à Rome. Nous avons du moins des opéras comiques, et même encore de la gaîté. Mais on prétend qu'il n'y a plus dans la patrie de Cicéron et d'Horace que des cérémonies. Je me trouve depuis plus de vingt ans à moitié chemin de Rome et de Paris, sans avoir succombé à la tentation de voir l'une ou l'autre. Si à mon âge je pouvais avoir une passion, ce serait de pouvoir vous faire ma cour dans votre gloire, mais

Vejanius armis
Herculis ad postem fixis latet abditus agro.

Il vient un tems où il ne faut plus se montrer. Il me reste encore le goût et le sentiment ; mais qu'est-ce que cela ? et comment s'aller mêler dans un beau concert, quand on ne peut plus chanter sa partie ? Les bontés que Votre Éminence me témoigne font ma consolation et mes regrets. Daignez conserver ces bontés pour un cœur aussi sensible que celui du Vieux Malade de Ferney, qui vous sera attaché avec le respect le plus tendre jusqu'à ce qu'il cesse d'exister. *V.*

LETTRE XCVIII.

DE VOLTAIRE.

Ferney, le 27 septembre.

MONSEIGNEUR, Votre Éminence croit peut-être que je suis mort : en ce cas, elle ne se trompe guères ; mais pour le peu de vie qui me reste j'ai la hardiesse de vous présenter un jeune huguenot, mon ami, qui n'a nulle envie de se convertir, mais qui en a beaucoup de vous faire sa cour dans un des momens où vous daignez accueillir les étrangers. Il se nomme Labat : il est capable de sentir votre mérite, et il cherche à augmenter le sien en voyant *la bella Italia*, et *la virtuosa e valente Eminenza : e baccio il sacro lembo di sua purpura.*

Le Vieux Malade de Ferney. *V.*

LETTRE XCIX.

DU CARDINAL DE BERNIS.

Rome, le 26 février.

Votre jeune huguenot, M. Labat, m'a remis, mon cher Confrère, la lettre dont vous m'avez honoré le 27 septembre de l'année dernière. Je ne doute pas que ce jeune homme ne soit homme d'esprit, puisque vous vous y intéressez. Il dîna hier chez moi. Je ferai toujours honneur à vos recommandations. Je ne vous ai pas cru mort, vous donnez assez souvent de bons signes de vie; mais j'ai cru que vous m'aimiez moins, puisque vous m'aviez retranché ces petites lettres qui de tems en tems me font voir que le goût et les grâces ne sont pas totalement perdus pour nous, et que vous luttez heureusement contre la décadence qui nous menace depuis quelque tems. Je m'intéresse à votre conservation plus que personne, parce que je jouis plus sincèrement que personne de votre gloire. Vivez encore long-tems pour l'honneur de la France et pour la satisfaction de vos serviteurs et de vos amis.

FIN.

ERRATA.

Page 20, ligne 6 de la note, effacez ces mots ; *que nous avons vu dans son tems produire.*

Pag. 77, lig. 17 de la note, au lieu de *renommé ;* lisez *nommé.*

Pag. 270, dans le vers latin, au lieu de *hic ;* lisez *híc.*

www.ingramcontent.com/pod-product-compliance
Lightning Source LLC
Chambersburg PA
CBHW060414170426
43199CB00013B/2140